小民家国

赣鄱古村落的文化表达

李桂平 著

生活·讀書·新知 三联书店 生活書店 出版有限公司

图书在版编目（CIP）数据

小民家国：赣鄱古村落的文化表达 / 李桂平著 .—
北京：生活书店出版有限公司，2021.7
ISBN 978-7-80768-355-1

Ⅰ. ①小… Ⅱ. ①李… Ⅲ. ①村落文化—研究—江西
Ⅳ. ① K295.6

中国版本图书馆 CIP 数据核字 (2021) 第 103853 号

责任编辑 廉 勇
装帧设计 罗 洪
责任印制 常宁强
出版发行 生活書店出版有限公司
（北京市东城区美术馆东街22号）
邮 编 100010
印 刷 北京隆昌伟业印刷有限公司
版 次 2021年7月北京第1版
2021年7月北京第1次印刷
开 本 880毫米×1230毫米 1/32 印张 10
字 数 180千字 图150幅
印 数 0,001—5,000册
定 价 69.00 元
（印装查询：010-64052612；邮购查询：010-84010542）

目录

第二章 / 灵魂的居所 39

在江西大地寻找不同区域的文化地理坐标，我发现大量存在于江西民间的文化遗存竟是那样摇曳多姿，似乎那些偏僻的居所灵魂犹在。

第三章 / 乡愁的模样 95

乡愁是建筑上的一种意象，或是一种紧密、一种缠绕，或是一个圆、一个围。当它静止时，即是一种模样；当它灵动时，便是活跃在心头的乡愁。

引言
乡愁是中国人共同的信仰

一

我的家乡吉安大洋洲，就是那个发现商代大墓的地方，就是那个改写了中国版图的历史的地方。2014年，我依据大墓出土文物，在历史的时空中寻找那个消失了的赣江边的王国。那本书的后记中，我似乎写了一些与之无关的文字，名为《在路上》，我说，成长的痛苦就是洁白的乡愁。

千里赣江，大洋洲处在中游的末端、下游的起点。从这儿直达鄱阳湖，江面开阔，水流舒缓，是漕运时代的黄金水路。史料记载，大洋洲素来是木竹转运枢纽，上游及其支流的小木排流放到这儿，从节约成本出发，都需要整装成大木排，浩浩荡荡进入鄱阳湖，由此造就了声名远播的樟树排帮。在这个团队中同时产生了水神萧公。像是上天安排，我离开大洋洲外出求学，毕业后被分配到万安。万安这个点处在赣江中游的起点、上游的末端。从这里逆江而上，江岸高山，江面狭窄，更有十八险滩横亘江中，行进其间，“两岸猿声啼不住”，素来为船家畏途。北来的大船到了万安，为了方便航行，一般要换成五吨左右的小船，由此万安也出现了“标滩子”“茶壳子”“挽篷子”“摇古子”“采更子”等名字古怪的形形色色的船。

2016年元旦的钟声刚刚敲响，我便急不可待地开始了我的遍访江西“中国历史文化名村”之行。在这个过程中，我不断地问，乡愁是什么？受访者包括官员、教授、地方文化学者、农民、农民工，以及那些离开了村庄在城市站稳了脚跟的人，他们给我的答案无非是对家乡和亲人的思念。但在我心里那个敏感的地方，我已经捕捉到乡愁这种情绪所贯穿的宏大气象。不少人对我说，央视《记住乡愁》拍了一季又一季，你还写乡愁？我说，你看了电视，知道乡愁是什么了吗？我们需要留住什么样的乡愁，又如何留住乡愁？这些问题仍然没有人好好回答。

我常常听人说中国人没有信仰，我说，那是你无视中国人内心的坚韧。作为大众信仰，或许中国人的信仰没有西方那么正式，我说的正式仅是一种教义，不包括仪式和受信的场所。中国人的信仰安能没有仪式和场所？一座祠堂几乎完成了一个人一生的仪式，包括出生上户、上学拜师、娶亲拜祖、盖棺出殡……中国人的信仰如基因遗传在血脉里，弥漫于生命的任何细节。

乡愁是一种与生俱来的认知和觉悟，乡愁是一种与心共存的良知和体恤，乡愁是一种永不迷失的方向和力量，乡愁是中国人共同的信仰。

二

农耕民族最原始的风情充满乡愁。

甲骨文中的两个汉字力透龟甲，弥漫着乡愁。一个“乡”字，被写作两人相向对坐共食一簋的情状；另一个“后”字，被写作妇女分娩的情状。在远古人的心里，这两个普普通通的汉字关乎吃饭和人口生产。与“乡”字组词的“愁”字造得直白，一个“秋”压着一颗“心”，诉说同一母题。秋是收获的季节，秋天过去就是漫长的冬天，一个丰硕的秋意味着寒冬无忧。与“后”字有着不解之缘的是“稷”，稷是什么？谷类，粟也。北魏贾思勰《齐民要术》中说：谷，稷也，名粟。东汉郑玄《周礼》注：社稷，后土及田正之神。在中国历史上，后稷是人名，是职业，更是农神。中国人对牛头人身的农神神农氏并不陌生，神农尝百草的传说几乎家喻户晓，但对农神后稷明显了解不足。如果说上古人类造神农氏这个神仅是为了吃饭，那么造后稷这个农神则表现出宏阔的气象。

人们只道江山社稷，社稷乃土地神与谷神的合称。江山连着社稷，蕴意深刻，没有饭吃，江山岂能安稳？

皇天后土，唯社稷方可主宰江山。

乡愁是什么？乡愁是中华文化的底色，它带着吃饭的忧思席卷中国。在这张已经明显褪色的底片上，我依稀看到繁衍的逻辑：农业和居所。

三

人类在蒙昧时代未必可以感知生命的价值，生存和繁衍已然成为人类最早也是最重要的欲望。或许只是出于生命的本能，延续生命创造了人类最早的生存原则，这个原则与动物丛林法则无异，弱肉强食，极其残酷。即使生育的资格也是通过竞争获得的，缺乏实力的男人可能一生都没有交媾的机会。当人类能够意识到生命价值之后，更有了为血脉延续而奋勇厮杀、开疆拓土的动力，以及为生存一往无前、排山倒海的壮举。

食物稀缺与人口增长，始终困扰着人类的生存与繁衍。在生产力水平极其低下的早期社会，人们惯用战争的方式实现对于食物的渴求。有文字记载的中国古代史，整个儿就是一部皇权更迭的历史，是一部巩固地盘和不断扩充地盘的历史，充满了打斗的硝烟和血腥。战争从传说中的部落一直打到秦始皇统一中国。以后再打，阶级与阶级打，民族与民族打，打得尸横遍野，打得难民四处逃亡。迁徙始终伴随人类繁衍的步履，只要有水和小块土地，就会有人口居住，繁衍后代。

根据历史学者的研究成果，西汉末期中国人口为六千万，此后打打杀杀，经过一千三百多年，到明朝建国时中国人口也不过六千五百万。这说明什么呢？有学者认为，在农业生产力落后的情况下，以中国的农业资源禀赋或许只能养活这么多人，超过一定的基数，农民战争就会起而调节。不管这个结论是否接近历史本真，但食物与人口规模紧密相关，后来的历史有力地说明了这个问题。明朝海疆开放以后，玉米、马铃薯以及红薯等高产作物被引进和普及，丰富了食物品种，增加了食物产量，人口生产跟着就上来了。清朝康、乾两帝开疆拓土，使耕地面积比前朝成倍增加，到清朝晚期中国人口已经增加到四亿。

饥饿是中国人共同的记忆。这种记忆并非只通过身体传导和储存，历史的记忆像烘干的牛肉，吃进肚子还能发酵。且不说遥远的“象耕鸟耘”时代，即便发明了牛耕，生产效率得到了提高，食物的短缺仍然如影随形，人们内心的期待化作一个个神灵崇拜。在吉安市青原区富田镇，有一种民俗“朝禾圆拜”，是祭祀米谷神杨老爷、蝗瘟神三老爷和土地菩萨。端午节前后，禾苗打苞时，数十个壮汉轮流抬着几位神仙往天马山朝拜，祈祷当年风调雨顺、水稻丰收。在金溪县东源曾家村，有一座名为“豢灵护应”的寺庙，专门供奉主管牲畜的神灵，以期金鸡报喜、六畜兴旺。

饥饿对中国道德文化的影响不可低估。管仲有一句名言：“仓廪实则知礼节，衣食足则知荣辱。”(《管子·牧民》) 吃饭的问题解决不了，必然礼崩乐坏。《诗经·魏风·伐檀》唱道：“坎坎伐檀兮，置之河之干兮，河水清且涟猗。不稼不穑，胡取禾三百廛兮？不狩不猎，胡瞻尔庭有县貆兮？彼君子兮，不素餐兮！”《诗经》的时代礼崩乐坏，人们诅咒剥削和不劳而获，催生了中国伦理哲学。

农耕民族与游牧民族的根本区别在于固定一隅，不是固定起码也是稳定，因为房和地无法挪动。而农业又受气候影响，靠天吃饭成为中国漫长的历史时期中不变的状况。在恶劣的生存环境中，中国人形成了独特的生存智慧，既然收获在天，那就必须依靠自律节约粮食。“锄禾日当午，汗滴禾下土。谁知盘中餐，粒粒皆辛苦。”耳熟能详的这首诗浸润了一个民族的心灵，每一个中国人从学会拿筷子吃饭，就开始接受珍惜粮食、尊重农业劳动的启蒙教育。遗憾的是，今天的中国人并不看重这种良知启蒙，似乎吃饭的问题已经不是什么大事。

中国是人口大国，耕地仅占全球7%，水资源占全球6.4%。人口与资源配比不平衡，导致2/3的中国人的生存资源极度缺乏。要用很少的资源养活占全球20%的人口，任何时候都是全球性的难题。当年美国人担心中国将成为全球包袱，然而在中国共产党的领导下，中国人通过近半个世纪的努力终于解决了吃饭问题，这无言地宣告了中国农业生产模式的巨大成功。

有人说，饥饿是中国人祖传的文化记忆。人们在大谈幸福指数的时候，是否可以留住饥饿的文化记忆？因为有了饥饿的记忆，就会有食物的危机意识，就会有对传统生产模式的文化担当，就会有保全农业生态的动力，就会有入世济民的社会责任。

四

村庄是围绕农业的居所。

一万多年前，居住在万年县仙人洞的先民发明了制陶和稻作农业，这两项发明改变了人类的生存方式，开辟了人类历史新纪元。原始先民迈开自信的步伐走出洞穴，在平原、丘陵、盆地寻找适合种植水稻的土地，并就近搭建居所。南中国大地炊烟袅袅，一部浩瀚的农耕史开始了。江西大地莺歌燕舞，我已然感受到村庄带给人类的欢笑。在五千年前的筑卫城遗址，我看到了村庄的雏形。我在《赣江边的中国》一书中做过这样的描述：

令人惊讶的是，五千年前的筑卫城竟是一个布局合理、功能齐备、防卫能力很强的村庄。这个村庄东西宽410米，南北长360米，总面积147 600平方米，是一个规模相当大的村庄。因为城墙的遮蔽，远远看去，只能看到村庄的轮廓以及袅袅的炊烟。走进村庄，人们发现这个远古时代的村庄竟是如此地漂亮。一条内河与村庄外东西面的河流相通，西南面是人工开凿的护城河，对水的娴熟运用让村庄凸显灵性，远古人们的心智如此健全，让人匪夷所思。村庄内土地平坦，西南靠近内河边有一个用作集会的广场，村庄内房屋不多，石头做的基座，木头做的梁柱，茅草盖的屋顶，而道路则是卵石铺成，一切的一切俨然现代的人们刻意建造的原始村庄。

人类历经无数的杀戮和痛苦的抽搐之后，选择了以族群为单位的繁衍方式，一个族群依靠血缘建立了打断骨头连着筋的稳固联盟。而村庄便是充满智慧的创造，长幼房下是管理体系，家训族规是管理制度，仪式则是维护秩序的典礼，家族的理想以及奋斗目标全在家训和族规中。以政治学和社会学的眼光看，当制度成为族群的生存目标时，村庄内生动力无疑是最大的。中国历代科举曾惊现无数家族的辉煌，在赣抚平原、吉泰盆地，一门三进士、父子同科的家族比比皆是。宋元以来，厚重的江西历史令人羡慕。泰和县蜀口村欧阳家族，在明清时期出过二十一位进士，形成了一个名副其实的官僚家族。

纪录片《记住乡愁》的主题歌翻动着亿万中国人的记忆：

乡愁是慈母手中的那根丝线，

缝缝补补的岁月还那么好看。
乡愁是老家屋顶上那缕炊烟，
远远近近的呼唤还那么温暖。
乡愁是故乡门前的那条小河，
活蹦乱跳的童年在心中撒欢。
乡愁是老家树冠上那只鸟窝，
岁岁年年的梦里总能孵化春天。
记住乡愁，
只要一轮明月，
你就记住了梦的来源。
记住乡愁，
只要一声轻唤，
你就拨动了思念的心弦。
乡愁是抓不住回不去的从前，
忘了告别的变迁像风筝断了线。
乡愁是剪不断理还乱的怀念，
唱在歌里醉在酒里越久越浓烈。

乡愁是一个极其丰富的情感世界。

一缕炊烟、一条小河、一只鸟窝，让我们回望成长路上的艰辛和快乐。

一轮明月、一缕丝线、一声轻唤，让我们找回心灵的皈依。

灵魂的爱与被爱，纯洁而崇高。

很多人以为留住乡愁就是留住古村。我在探访古村的过程中接触了很多人，这些人热爱古村，却并不懂古村的心性。村庄古老的形态凝固了数千年农耕文化，这些日渐荒芜颓败的建筑，蕴含着中华民族繁衍和中兴的密码，解读这些密码就是传承民族文化的基因。如果任凭这些建筑消失，中国文化的叶脉就没有了活的标本，这是我们保护古村的理由。传统的文化力量存在于大众信仰之中，如果我们以狭隘的经验论解读乡愁，无疑是对大众信仰的亵渎。我们保护的是古村，而传承的则是文化，是与农业相协调的居所。

当下新农村建设多是政府拿钱，粉墙、盖瓦、描窗，村庄的外观成为乡野上可爱的风景，可走进家门，内观并没有改变，有的人家大门紧锁，有的屋子干脆没有上锁，屋里的蜘蛛到处结网。我曾经在一户人家看到一串风铃悬在里屋的楼板上，它静止很久了，颜色十分暗淡，让它发出声响就会落下尘土。我只是看，不敢去拨动它。但我仍然止不住好奇，我想象着，风铃的主人是男孩还是女孩呢？现在何处？这串风铃会是他们心中的乡愁吗？我知道他们都长大了，很多年没有回家，或许在城市的某一角落有他们的身影，或许他们已经成为城市的一分子。

中国改革开放四十多年来，向往体面的生活，成为农村人向城市迁徙的不懈动力。迁徙激活了国家经济，也滋长了全民物欲，影响了两代人的信仰。

信仰，一个多么高贵的词，它从历史的长河中走来，失去又回来，回来又失去。

结束迁徙，新农村才会凸显价值。

五

家与国是中国人的精神母题。千百年来，中国的诗文创作始终高扬着以家为特征的本位信仰。

少小离家老大回，乡音无改鬓毛衰。

春风又绿江南岸，明月何时照我还。

独在异乡为异客，每逢佳节倍思亲。

烽火连三月，家书抵万金。

不闻爷娘唤女声，但闻燕山胡骑鸣啾啾。

家是中国人的归属，家是中国人绵远的牵挂，家是中国人温暖熨帖的精神元素，家是乡愁中血肉相连的具象。

祖籍福建的台湾著名诗人余光中写出了乡愁离析的悲伤与无奈。

小时候
乡愁是一枚小小的邮票
我在这头
母亲在那头

长大后
乡愁是一张窄窄的船票
我在这头
新娘在那头

后来啊

乡愁是一方矮矮的坟墓
我在外头
母亲在里头

而现在
乡愁是一湾浅浅的海峡
我在这头
大陆在那头

余光中说，一个读书人的乡愁是把空间加上去，乘上时间，乘上文化记忆，乘上沧桑感，这种乡愁是立体的。对了，立体的乡愁有故乡的亲人、故乡的风物，还有故乡的酒浸泡出来的浓情。

故乡构架的精神家园，牵系着古国文明。

露从今夜白，月是故乡明。

仍怜故乡水，万里送行舟。

已知泉路近，欲别故乡难。

何处积乡愁，天涯聚乱流。

岸长群岫晚，湖阔片帆秋。

故乡今夜思千里，霜鬓明朝又一年。

更有崔颢的《黄鹤楼》：

日暮乡关何处是，烟波江上使人愁。

故乡是中国人最有质地的精神记忆，是中国人无法缺失的地缘信仰。

家国相连是中国人的精神品质。

> 死去元知万事空，但悲不见九州同。
>
> 王师北定中原日，家祭无忘告乃翁。

陆游的这首《示儿》，其实就是一个知识分子的遗嘱。这样的遗嘱感天动地，谁说中国人有家无国？

> 千古江山，英雄无觅，孙仲谋处。舞榭歌台，风流总被，雨打风吹去。斜阳草树，寻常巷陌，人道寄奴曾住。想当年，金戈铁马，气吞万里如虎。
>
> 元嘉草草，封狼居胥，赢得仓皇北顾。四十三年，望中犹记，烽火扬州路。可堪回首，佛狸祠下，一片神鸦社鼓。凭谁问，廉颇老矣，尚能饭否？

自古以来，中国人内心深处浸润最深厚的就是家国情怀。在我心里，辛弃疾的《永遇乐·京口北固亭怀古》，无疑是最悲壮的爱国诗篇、最有血性的报国情怀、充满心灵的归属信仰。

我能理解中国人心中的本位信仰、地缘信仰和归属信仰。这三种信仰互相融合，构成中国人的精神价值，成为滋养中国人的沉甸甸的乡愁。席慕蓉说，乡愁是一棵没有年轮的树，永不老去。我想，一切健康情感和优秀文化都值得我们守护，因为这是我们民族的立世之本。留住乡愁，就是守护我们的精神家园，延续中国人共同的信仰。

第一章／从历史走来

历史因粗心而遗忘了江西。在先秦以前的时空，谁晓得这个四季分明、莺歌燕舞的广袤区域是怎样的家园？相关考古发掘还原的只是江西早期历史的部分图景。

江南万年

一

结束金溪的探访，踏上去万年的行程。初春的天气说变就变，气温骤降，大雨滂沱，厄尔尼诺把天整漏了。

汽车沿着广济高速穿行在赣东北，大货车溅起的水雾几乎遮蔽了道路，无法快速行驶。到达万年已是下午三四点钟，江培祥先生领着我直奔仙人洞，王炳万、王团华父子早早候在那里。寒暄过后，王炳万先生开始给我讲解仙人洞以及仙人洞考古发掘的点点滴滴。他的讲解很是专业，眉宇间飞扬着自信。

我站在洞口，并不急着进洞，似乎怕惊扰一万多年前古人的家园。大源盆地暮色苍茫，环顾四周，大源河从眼前蜿蜒流过，远处的山被雨雾罩着，看不真切，一幅水墨印象。进到洞中，感觉像个葫芦，前窄后宽，南北有大小四个支洞，北边的那个洞可以通向洞外。古人的伊甸园虽然简陋，但满足了作为居所的起码条件，水源、狩猎、采集，条件优越。洞内空间很大，洞口朝南，利于通风采光。精心布展的仙人洞，灯光迷离，弥漫着神性气象。仙人洞人制陶的场景如诗如画，衣衫褴褛的人们把我引向遥远的时代，考古结论助我张开翅膀尽情想象，古老土地上的生灵在每一个考古探方里复活。

二

小荷山脚下的仙人洞寂寥无声，似乎千万年来什么也没有发生过。这里的人们已然习惯了大源盆地的幽静。

1961年秋，一个外来人打破了仙人洞的平静。此人叫龙俊，江西省委政法部下放干部，一位充满想象力的人。这一天，龙俊像是受了神的指引，走近了仙人洞。杂草封闭了洞口，他扒开杂草贼贼地朝里瞧，里面黑压压的，什么也看不到，但是他似乎可以感知里面的风以及来自远古的声音。龙俊虽然没胆闯入，但在洞口周围发现了大量石器和动物骨骼。回到南昌，龙俊看了电

·仙人洞洞口

影《生命起源》，马上想到仙人洞，那里抑或是古人类活动过的地方？龙俊抑制不住内心的激动，给江西省文化局写了一封长信。信中说，万年县大源河盆地有一个洞，洞口有两个房门那样高和宽，洞内较宽且平坦，可容纳四五百人。就是这封普普通通的来信，引发了万年惊世考古。1962年和1964年，江西对仙人洞先后组织了两次考古发掘，虽然没有取得突破性进展，但是这个头儿开过之后，大源盆地注定不再平静。

过去我一直以为万年是古县，没想到竟如此年轻。公元1512年（明正德七年），处在鄱阳湖东南岸弋阳、贵溪、余干、鄱阳、乐平相交的那个区域迎来了最后的浩劫。明王朝花了几年的努力，终于镇压了王浩八领导的农民起义，并在这个区域增设了一个县。县名“万年”，以期江山永固。

历史总是充满巧合。万年，原本是一个预期，不承想却成了谶语。公元1995年，由马尼士博士率领的中美联合考古团队，通过对仙人洞和吊桶环两个遗址的发掘，向全球传递了一个最具权威的信息：万年是稻作农业和陶冶的起源地，其历史可分别追溯到一万二千至一万四千年前和二万年前。这样的发现，把人类文明史向前推进了上万年。

人类文明始于制陶。仙人洞二万年前左右的文化堆积层中，出土了一件较完整的直口深腹圜底罐，被誉为“中国第一陶罐”，目前陈列在国家博物馆，代表着中国最早的手工制陶。陶虽然只是一个器皿，却改变了人类的饮食习惯，让人类获得有规律的熟食，满足了人类均衡营养的需求，促进了人类的体质进化和智力发展。

· 中国第一陶罐

人们也许感到奇怪，制陶能有那么难吗？二三百万年，不是二三百年，更不是二三年。人类孩提时就有的童趣，一把泥巴一泡尿，和着泥就松软，揉着泥就黏稠，然后随心所欲捏造。泥巴在孩子手上变成一只小鸟或者一个小人儿，然而是实心的。在漫长的时空里，人类似乎无法实现从实心向空心跨越。是什么灵感促使人类发明了陶器？恩格斯的说法是，枝条编成的篮子或木制的容器表面涂上一层泥，枝条被烧去，留下经过火烧的篮状泥制品，即是陶器的原型和发明过程。实际上，这种猜测明显受了主观的驱使，并不靠谱。因为仙人洞出土的陶罐残片并没有木痕。

在中国典籍中，几乎无一例外把未知的历史归结为圣人之作。《周礼·考工记》记述，“百工之事，皆圣人之作也”。然而，面对考古结论，我看到历史画卷正是人民绘就，是人民创造了历史。

泥巴和水的融合没有声音，却发酵梦想。怎样将泥巴塑造为空心的容器呢？仙人洞人发明了泥片成型法和泥条成型法，或用泥片一层一层贴塑成型，或用事先做好的长泥条进行拉坯成型。或许应该先有一个范，放在人工转动的盘上？人世间的很多事都是这样，目标确立之后，路途已然不远。一个泥塑成型了，人们开始思考驱逐水分，对火的运用在大源盆地悄然萌生。虽然仙人洞没有提供窑烧的证明，但是考古让人们看到仙人洞人将泥巴变成了陶器。

泥巴有了硬度和形状，敲击有了声音，这便成了器。

茹毛饮血的时代就此结束。

这就是万年。人类文明的脚步从这里迈开，史诗一般壮阔。

我惊讶的是，制陶的历史何以早了稻作六千至八千年？这六千至八千年陶罐里蒸煮的又是什么？该有多少野兽鱼鳖烹在其中啊！或许这期间人类已经开始驯化野生稻，只是驯稻远比驯猪要难。用现在的话说，驯稻是生物遗传工程，一万多年前古人不懂，他们需要一次次实践，改变野生稻的心性，最终让野生稻如人类期望的那样扬花结穗。

三

万年贡米赫赫有名，这种被当地人称为“芒谷”的稻子，粒体修长，带着几分野性，谷尖上长着长长的芒，脱壳后质白如玉，散发淡淡的稻花香。

据说万年贡米独恋万年山水，离开万年就会发生变异。个中原因谁也说不上来。马尼士说，万年是上帝安排种植稻米的地方。我在阅读万年考古资料时，“孑遗”二字迎面扑来，心里为之一颤，这芒谷何等灵性，它留下来，要告诉人们什么呢?

在人类历史上，农业起源如人类诞生一样伟大。人们没有停止对农业起源的探索。地球上已知三个最重要的农业起源中心：地中海东岸幼发拉底河以西的新月形地带是小麦和大麦的起源地，也是最早驯养绵羊和山羊的地方；中国北方黄河流域是小米（粟和黍）的起源地，也是最早驯养猪（可能还包括水牛）的地方；中美洲是玉米的起源地，那里除骡马外，没有驯养过一种对人类生活产生重大影响的家畜，基本上属于无畜农业。稻谷作为人类最重要的食物之一，其稻作的发源地又在哪里?

进入20世纪80年代，中国农业考古不断取得进展。浙江河姆渡六七千年前的文化堆积层中发现大量稻谷遗存，湖南彭头山八九千年前的文化堆积层中发现大量含稻谷壳的烧土。南方一批新的史前农业聚落遗址，撩开了长江流域古老而神秘的面纱，人们把寻找人类稻作农业起源地的目光放在中国，聚焦洞庭湖和鄱阳湖地区。马尼士，一位卓越的考古学家，早年因主持墨西哥洞穴遗址发掘，发现一万年前人工栽培玉米的遗迹而闻名世界。墨西哥政府把马尼士的画像挂在市政大厅，以示尊敬。这个腆着大肚子的美国老人开始频繁出现在中国，他似乎已经闻到了大源盆地飘来的稻花香。

1993年，七十六岁的马尼士精力充沛，思维敏捷，由他领导的中美合作考古正式拉开帷幕。与前两次发掘不同的是，马尼士选择与仙人洞遥遥相对的吊桶环下手。在旧石器时代晚期，大源盆地为一水网沼泽地带，仙人洞几乎常年淹没在水中，人们住在海拔相对较高的吊桶环，过着采集、狩猎的生活。到了新石器时代，全球气候变暖，海面降低百米，河床下退，仙人洞洞口露出水面，住在吊桶环的先民走下山岗，搬进了仙人洞。后来的实践证明，马尼士的眼光何其“毒”也！

吊桶环并非洞穴，而是一个通透式崖棚，因形似水桶的吊环而得名。因为王炳万首先发现了吊桶环，所以马尼士博士习惯称之为“王洞”，这其中或许包含了马尼士对一位基层文物工作者的褒奖。王炳万原是万年县博物馆馆长，对文物的热爱浸透了他的生命，也照耀了他的人生，在实践中成长为一位文物专家。退休后，儿子王团华接位，父子两代人把仙人洞的保护、宣传、推介做到了极致。生命的信念闪烁在大源盆地，生命的花朵无比艳丽。

· 吊桶环

吊桶环考古发掘解开了大源盆地之谜，复原了穴居大源盆地的先民的创造历史。在距今三万年左右的文化堆积层，考古队发现了很少的野生稻化石，这说明先民可以采集少量的野生稻作为食物补充。在距今二万年左右的文化堆积层，考古队采集到大量的野生稻化石，这一时期全球气候转暖，大源盆地野生稻蓬勃生长，人们可以采集更多的野生稻作为食物补充。在距今一万二千年左右的文化堆积层，考古队发现少量的栽培稻化石和大量的野生稻化石，这一时期人们开始驯化野生稻，这表明原始农业已经产生。王炳万先生回忆当年发掘过程时，脸上依然洋溢着自豪和喜悦。

1993年10月，中美联合农业考古队来到万年，考古工地分为两个发掘点，大部分人在吊桶环遗址，少部分人则在仙人洞遗址。吊桶环发掘点当初存在争议，中方认为应把主要精力放在仙人洞，理由是仙人洞过去做过发掘。而吊桶环表层有商周时代遗物，才几千年，是否有原始时代文化堆积还是个谜。马尼士博士坚持认为，吊桶环很有希望。

吊桶环可发掘面积约60平方米，发掘中心点集中在岩棚中部，此地段上部被岩棚遮住，估计是古人类活动的主要地点，共布方40平方米。按照美方的意见，在中部采用象限法布方，即将洞口考古工地统一编号，探方规格为1米×1米，每人掌管4个探方。具体发掘采用棋盘格式的发掘方法，即对象空格发掘，先将对象探方发掘到20~30厘米深度，而后又转换发掘另外的探方，发掘到同样深度后，再依次循环。美方的方法位置小，考古人员累，也麻烦，但每个小方有4个剖面，地层文化信息多。中方沿袭苏联考古学的研究体系，习惯布方3米×3米或更大。中美双方意见不一，发生不愉快，最后请来了中方领队严文明先生才达成统一。

美方的工作方法很仔细，发掘时要求挖出来的泥土都要过筛，这比对探方所用肉眼拣物的方法更为细致。事实上，在筛土过程中原被泥土裹着的陶片、石器和兽骨，通过网筛细小遗物都能找到。探方取出过筛的泥土，在美方看来，仍有不少自然遗物可能漏网。过去听说过浮选法，从未实践过。这次从美方那里看到一套浮选工具，说来很简单，找个大汽油桶，把桶盖去掉，将土装入圆形塑料网漏中，在盛水的铁桶中左右摇晃，漂浮物自然在上层。这种方法对寻找植物种子很有效。

在仙人洞、吊桶环遗址考古发掘时，马尼士经常深入工地，开始凡是发现重要遗物，马尼士都会拿出一美元折成飞机奖励民工。在农村长大的小伙子，拿到美元心里乐滋滋的，但不知如何兑换使用。后来，由于发现不断，马博士的物质奖励只好转变为精神鼓励。

人类在二三百万年的时间里没有发明农业，狩猎和采集是人类生存常态。人类听天由命挣扎繁衍，科学家推测一万年前地球人口不超过四百万。“上古之世，人民少而禽兽众。人民不胜禽兽虫蛇。”（《韩非子·五蠹》）地球空旷而寂寞，不知道是虎狼还是人类主宰地球。生长在沼泽中的草本植物像芦苇一样疯长，像韭菜，像苜蓿，像狼尾草，洋溢着粗劣与不死的情结。它能长出谷穗，但颗粒少而干瘪。一万二千年前人工栽培稻从这种草本植物中脱颖而出，播种、出叶、分蘖、打苞、灌浆、抽穗，所有的细节附着人文气息，而禾穗也因为人文关怀而饱满。

四

万年人很聪明，他们给自己设计了一则形象广告：给我一日，还你万年。次日，万年县文广新旅局黄局长送我离开万年。在高速路口，我回眸高耸的广告牌，内心似已穿越万年。

感谢考古，万年前没有任何记载的历史被解密，执着于此的人们还原了人类万年文明。人们看到：长江流域以万年仙人洞和吊桶环遗址为代表，其稻作文明有一万二千年；黄河流域以河南舞阳贾湖遗址为代表，稻作文明只有九千年；起源于黄河流域的粟作文明，以河北磁山遗址为代表，只有八千年。——长江文明向黄河流域传播发展的过程明显。中国古代典籍对神农家族的猜测，与考古结论大致吻合。《帝王世纪》记载，炎帝神农氏，其母在长江以南感于“神龙”而生炎帝，人身牛首，塑造了神农这个长江流域水稻农耕的杰出代表。如果中国历史上真有神农，那便是仙人洞人。

在中国的版图上，实际上包含有两个相互联系的农业起源中心，一个是黄河流域的粟作起源中心，另一个是长江流域的稻作起源中心。中国为什么有资格站在世界文明的高处？长江文明与黄河文明发祥的时间虽然相差几千年，但是当长江流域的稻作农业传至黄河流域之后，北方的冻土开始苏醒，并产生了具有北方特点的粟作农业。两个中心逐步发展为紧密相连的农业体系，它们互相补充，互相影响，形成一个更大的复合的经济体系，进而孕育和发展了中国古代文明。

关于中华文明的起源，司马迁在《史记》中说，“东方物所始生，西方物之成孰”。以凤鸟为图腾的伏羲家族，是典型的长江流域部族，冥冥之中司马迁似乎感知到历史的某些实质。黄帝打败蚩尤之后，黄河文明发展为华夏文明，一统天下，开始了新的中华传奇。一部《史记》从这时开始，把一万多年的文明遗落在历史深处。

万年对我心灵的撞击不是在这一瞬间，也一定不是微风吹过，积淀在我心里，不只是虔诚的敬意，还有一份深沉的忧思。

农业是什么？农业就是为人类繁衍做出的努力。

三千年故国

一

三千年前的时空，赣江边的大洋洲以王国的姿态，绽放出长江文明万年精华。

史过无痕，大洋洲的版图上，哪里还有王国的影子？狭长的平原，青鸟四季飞翔，耕牛悠然吃草、艰辛劳作，没有任何文化地理标志指引我思想驰骋。幸好，还有一座三千年前的大墓留待大洋洲表达。

程家广袤平原上的这座沙丘，是当地民间传说“九缸十八瓮金银财宝”埋葬地“三把半伞”中的一个。毕竟是传说，人们说在嘴上，内心却并不相信，不然，这座沙丘怎么可能在几千年里平静地迎来四季草枯草荣？1989年，人们在沙丘取土，意外收获了这座埋藏了三千年的商代大墓，赣江边南中国的神秘面纱随之被揭开，一部奇诡的历史随着一场考古发掘曼妙登场。

大墓出土包括青铜器、陶瓷器、玉器各种质料的文物共1368件，其中礼器、乐器、兵器、工具齐全，简直就是一个微缩版的王国。许多专家学者惊愕，各种怀疑和猜测蜂起，都说“青铜不过江”，处在赣江中下游的大洋洲怎么可能出现如此多的青铜器？抑或来自北方的沉船？而这儿可能是赣江故道吗？

· 大洋洲商代青铜博物馆

人们不相信这样的历史，似乎并不需要这样的历史。在中国的版图上，人们看到的是倾斜的两极，北方文明璀璨，南方荒蛮服地。然而，历史就是历史。著名青铜器和文物保护专家李伯谦认为，大洋洲墓葬出土青铜器，代表了南方文明发展的最高峰，证明赣江边存在着国家。著名考古学家、北京大学邹衡教授说，大洋洲大墓出土确凿地揭示了一个事实：在商代，中国南方已出现一个掌握有相当权威的统治者，表明这里有一个政权，有一个国家。至于这是一个怎样的国家，人们只能从出土文物中去解密。李伯谦教授的看法是，这个王国同商王朝的联系密切，但不是一回事，究竟商王朝对其控制得怎样，很难说。但有一点可以肯定，即控制得不如其他方国。

很多年以来，我近乎着迷地追寻大洋洲的历史。这种动力，不仅来自一个大洋洲人本能的冲动，更为重要的是，我心中的南方需要一种合乎历史逻辑的解释。南方考古新的发现，证明大洋洲不是孤立的，它动摇着先前人们对大洋洲大墓的怀疑和猜测，也颠覆了我对南方“荒蛮服地”的历史认同。

南方史荒，我对大洋洲历史的全部认识源于大洋洲大墓的考古纪实。作为当年考古发掘的组织者和参与者，彭适凡和詹开逊两位先生在他们各自的著作中详细记载了大洋洲大墓发掘的过程，以及每一件重要文物的特征。我读着两位先生的记述，试图走进湮没在历史长河中的大洋洲王国。遗憾的是，在我所著的《赣江边的中国》一书中，我仍然没有办法解答那个曾经的王国版图有多大，存续了多少年，谁是国王，国破之后王室的成员流落何方。但是，我已经触摸到了长江文明的脉搏。

二

处在赣江西岸的吴城与处在赣江东岸的牛头城，是这个王国曾经的都邑。从出土文物的年代分析，吴城在前，牛头城在后。令人费解的是，两座都邑的直线距离不过三十公里，其地理形态皆以赣江冲积平原和丘陵地貌为特征，城郭建在森林之中，森林之外稻浪翻滚。

很难揣测王国迁都的真正原因。我曾以为是防御之需，因为在那个时空里来自赣西的忧患大于赣东。我的揣测明显受到历史记载的影响，实际上，真正的原因只有天知道，没有文字记载的南方古史正如一部天书。

此时距离万年稻作文明一万年。虽然没人晓得万年文明传播的路径和方向，但是人们有理由相信，鄱阳湖东岸的星火足以照耀赣中。因为赣中丘陵和平原是农耕文明最好的温床。如此漫长的时空，人们从容接纳，并让星火燎原。

大洋洲大墓出土农具11种，包括铲、镰、耒、耜、犁、铚、锸、镬等共51件，这些农具皆为实用器，或许曾经在王国的土地上耕耘过。在大洋洲商代青铜博物馆里，我看到了犁铧，虽然只有2件，但足以让我的思绪跨越时空，领悟农耕时代的伟大创举。犁铧是传统农耕最具革命性的工具，它既省力，又能提高农业生产效率，但是考古发现的青铜犁却迟至战国时期。我疑惑的是，八百多年中人们铸造了大量的青铜礼器、乐器、兵器、工具，为什么单单疏漏了青铜犁铧？大洋洲大墓青铜犁的出土，让人们相信，赣中最早拥有了成熟的农业生产工具和生产模式，一万年前的农耕遗产在赣中得到完美体现。

其实五千年前的赣鄱大地早已是莺歌燕舞，炊烟袅袅。我考察过位于赣中樟树市郊的筑卫城和樊城堆遗址，这两处遗址让我感知到脚下这块土地的热度。如果要说万年文明传播的过程，筑卫城与樊城堆或许是最好的例证。

筑卫城是一个布局合理、功能齐备、防卫能力很强的村庄。这个村庄东西宽410米，南北长360米，总面积147 600平方米，是一个规模较大的村庄。村庄内土地平坦，西南靠近内河边有一个用作集会的广场，村庄内房屋不多，石头做的基座，木头做的梁柱，茅草盖的屋顶，而道路则是卵石铺成。一条内河与村庄外东西面的河流相通，西南面是人工开凿的护城河，对水的娴熟运用凸显了村庄灵性，远古人们的心智竟如此健全。樊城村距离筑卫村不远，也是一个很漂亮的村庄。村庄比周围稻田普遍高出1~2米，南北长124米，东西宽101米，周长380米，总面积12 000多平方米。相对于筑卫村，樊城村要小得多。这两个村庄或许同时存在，或许先后建立。筑卫城时代正是黄帝时代，这个时代的特征是农业繁荣。黄帝打败蚩尤，兼并长江文明，开创了中国版图的新纪元，文化文明中心从此北移。历史在这时拐了一个弯，这个弯绕过了南方数千年文明。然而，南方文明的根在，南方的创造力犹在，南方的向往如江水澎湃。人们不知道其后两千年南方的世事更替，但是三千年前赣江边的中国朝气蓬勃。

三

牛头城是一座很牛的城。我看到考古专家周广明先生主持发掘的牛头城遗址，沿着丘陵起伏的城墙，勾勒出三千年前一座城池的轮廓，结实而饱满。虽然没有明确的功能分区，但是我似乎可以想象当年车水马龙的繁荣景象。陶冶与铸铜手工作坊位于城西，很小的一眼眼窑，让人无法想象一件件硕大的青铜器出自这样的作坊。

作为王国的首善之区，牛头城创造了世人惊羡的文化。引人注目的是青铜器，其数量之多、造型之奇、纹饰之美、铸工之精，堪为江南之冠。青铜器四足铜甗（yǎn）、乳丁纹虎耳方鼎、伏鸟双尾虎，玉

· 卧虎大方鼎

器神人兽面形饰、侧身羽人玉佩饰，被视为国宝。卧虎大方鼎和立鹿大甗两件青铜礼器最能代表当时的铸造工艺水平，大洋洲制造把王国文明引向了高地。

卧虎大方鼎通高97厘米，口纵49.3厘米、横58厘米，重49.2公斤。两个圆拱形外槽式立耳上各伏一虎，甚为威严。从鼎身遗留的大量范缝和铸接痕迹可知，此鼎使用了30多块内、外范，古人娴熟地运用分铸法，先铸鼎底，次铸四壁和鼎耳，再铸四足，最后铸耳上卧虎，四步铸接成型。而在浇铸的过程中又使用了浑铸法，所以鼎耳和腹壁之间不见铸接痕。与中原同时期的司母辛大方鼎相比，纹饰显得更加粗犷，这种深厚的纹饰，除非具有高超的泥范制作技巧，才能成型。而正是高超的泥范铸造工艺与分铸铸接法，并列为中国青铜器铸造技术的两大支柱。

立鹿大甗通高105厘米，重78.5公斤。甑（zèng）、鬲（lì）连体式的四足甗，被誉为“中华甗王”。甑盘口呈台阶状，立耳植

· 立鹿大甗

于盘口和腹壁上部，斜腹，腹内箅已失，但甑鬲相接处有箅托一周。青铜甗虽在商代前期就有铸造，但为数不多，形体高大、纹饰精美者更不多。此器高1米有余，堪称巨制。更兼耳上附铸动物等造型，器表从口耳至足部均有纹饰，更为少见。因器体高大，铸造时甑部内范偏向一侧造成直径近10厘米的“浇不足”缺陷，留下了补铸痕迹。据仪器分析，补铸是用稍高于原甗熔点的材质铸焊的，反映出当时已经很好地掌握了合金的性能。

大洋洲人高超的冶炼、铸造工艺令人惊叹。精湛的装饰技法和独特的装饰纹样，让今天的人们看到了南中国的匠心。立在甗耳上的一对雄性幼鹿，小巧，壮实，鹿身饰鳞状纹，腿足饰云雷纹，两鹿相向，双目圆睁，回首顾盼，安详中透出机警，表现出纯真、自然、质朴之美，引人遐思。虎的造型同样极其别致，凸目吊睛，双耳耸立，口微张，内现利齿，粗项直腰，尾部上卷，似卧欲跃，彰显勇猛威严。商代青铜器不乏虎的立体造型，但尤属大洋洲的虎比例最为合适，形象最为逼真。燕尾纹是一种形若两个长条状平行四边形相对而合的索状纹饰，常施于器物的口沿和立耳侧面。此种纹饰中原看不到，但太平洋彼岸的北美洲却可以看到，阿拉斯加的特林吉特人将这种图案用来装饰他们的编织物。这样的巧合，说明艺术源于模仿。

王国的创造力如泉奔涌。过去一般认为镈（bó）由钟发展而来，但是已发现的钟最早为西周中期的产物，而大洋洲大墓的出土不仅打破了“镈源于钟”之说，而且把中国打击乐器的产生时间提前了八百年。对于镈和铙这两种乐器，大洋洲大墓考古发掘报告如是描述：

> 镈，一种单独悬挂的大钟。椭圆形平口，器身呈梯形。平舞，中央有长方孔与腔通，上立环纽，舞部横向两端连接扉棱处各伏一鸟（一残），冠残缺，尖喙，凸目，长颈，敛翅，短尾。……今大洋洲商墓铜镈的发现，无疑是该类乐器目前发现时代最早者。大概这种乐器系南方古代居民所独创，而后传到中原，至西周中、晚期后才开始流行。

• 镈

·铙

铙，形体都较大，形制基本一样，唯纹饰各异。均长甬，无干，无旋，钲部宽扁，甬中空与腔相通……此种形体的铙和中原出土的不同，安阳殷墟出土的都形体偏小，纹饰简朴，且都是成组出现，三件或五件一组不等，而大洋洲伴出的3件铙，纹饰繁缛，形体较大，且各自大小和纹饰不同，……说明此种形体铙是商代流行在南方地区的一种单打乐器。

镈和铙是两种不同的乐器，但它们有着一个共同特点：腹空。空至悠远、至爽朗、至凝重、至大气。大洋洲王国的先知们懂得了虚实并用的真谛，怎么可能不站在文明的高处？远古天籁刺破苍穹。

在大洋洲制造中有很多属于自己的东西。一块玉被琢雕成一件神器，名为侧身玉羽人，实则是鸟的造型。是鸟，羽翼如翅；非鸟，蹲式似人；有鸟，顶部一只伏鸟。人鸟复合，气象诡异，色彩怪诞。大洋洲大墓出土的这件玉器闻名遐迩，人们为它独特的造型而惊叹，为它高超的琢雕技艺所折服，视它为国宝中的国宝、绝品中的绝品。彭适凡先生在《撩开古代南方青铜王国的面纱》一文中，详尽描述了这件艺术绝品的真容：

> 侧身羽人玉佩饰，……呈柔和的棕红色，……通高11.5厘米。身高8.7厘米。佩饰羽人作侧身蹲坐式，两侧

·侧身羽人玉佩饰

面对称，“臣”字目（目中填有鲜艳的红朱砂），粗眉，大耳，钩喙；头顶着冠，冠作鸟形，鸟亦为尖喙，作匍匐状，尾敛并后卷成一圆角方孔，再以掏雕技法琢出三个相套的链环；双臂拳屈于胸前，膝弯曲上耸，脚底板与臀部平齐，其上有方形短榫，榫部有一横凹槽，并拢的小腿下部有一斜穿孔。腰背至臀部阴刻出鳞片纹，两侧则雕出羽翼，腿部也琢出羽毛……

奇怪的是，大洋洲的神灵崇拜没有太阳、凤鸟以及龙崇拜，这于长江文明而言似乎发生了变异。数千年的传承难道陨落了吗？蛙、虎崇拜，还有这个神羽人，上天入地，行啸天下，足见大洋洲的心性。

四

我不明白，王国溃散，这里的人民去了哪里？中国版图、人口经过几千年的更替真的可以重组吗？人们以为文化的根都在中原，那么长江文明消失了吗？这种泛客家化文化论已经嵌入我们的生活，而这可能是历史的真实吗？

人们似乎忘记了，是长江流域的先民最早吃上“老而不死”的大米饭，最早向世界传播稻作文化；最早创建制陶技艺、农耕之神、农耕祭祀以及神灵崇拜。中原文化主导说，不仅是青铜不过江，而且在文化的许多层面禁锢着人们的思想认识。

我始终怀有一种信念：一种文化一经产生，定然不会消失殆尽，就像种子长在土里，它会生根开花结果。虽然我不知道大洋洲文化的叶脉在这块土地上如何被传承，但是我坚信王国人的勤劳、朴实、善良、聪慧以及热爱和平的心性已经烙印在了这块土地。

我一直期待着故乡还有新的发现，这种期待自然寄托在考古人身上。江西省文物考古研究院研究员、《南方文物》主编周广明先生，从2008年起主持牛头城遗址发掘，虽然没有获得重大发现，但他并未气馁。某日与他共进晚餐，我看到他是那样谦恭，眉宇间透着坚毅和执着，似乎他相信，历史的真实遗落何方。

赣江向北流

一

河流在倾斜的版图上肆意穿行，成为国家政治中心通达东西南北的路径。有着九千年造船史的中国，在河流上留下了极其壮美的诗篇。

“问君能有几多愁，恰似一江春水向东流。”南唐后主李煜充满亡国之痛的词句，把中国河流的方向定格在每个人的心里。实际上，中国的版图西高东低，由此形成江水东流。而赣江和湘江则以北流的姿态贯通长江，成为南北融合的交通枢纽。

有文字记载的历史，从秦汉至魏晋，湘江作为国家交通大动脉的地位明显超过赣江，秦汉时期经湘入桂，魏晋时期经湘入粤。但是南北交通大动脉毕竟呈自西向东偏移的趋势，在未来的格局中这种偏移还会继续吗？

南中国的这块土地，在商代曾经哺育过一个王国。王国遁失，人民失散。公元前221年，秦统一中国，在帝国的版图上江西仅设7县，隶属九江郡。西汉初年置豫章郡，江西土地上首次设立郡治。公元2年（西汉元始二年），全郡辖18县、67 462户、351 965人。商代至此一千年，江西版图发生了怎样的颠覆？辽阔的赣鄱大地地广人稀，无比寂寥。

公元前的江西历史扑朔迷离，考古发掘一如碎片无法拼接，没有片言只字诉说悲欢离合，似乎只有南岭大庾关情。千里赣江，也就这个点，不时让人回溯二千年前的时空。

处在赣江上游的大庾岭，“南扼两广，北拒湖湘”，战略地位极其重要。在秦帝国的视野中，大庾岭是江南的屏障。统一六国后，秦始皇派五十万大军征战岭南，终以牺牲大将屠睢和无数兵士的性命为代价，换得了岭南的统一。然而，岭南如同一片叶子，很快便从秦帝国的大树上掉落。当时的副将赵佗蛰伏岭南，这个山高皇帝远的地方，滋长了赵佗的野心。公元前204年，赵佗凭借大庾岭屏障割据岭南，建立与中央政权相抗衡的南越国。肇建于秦

· 大庾岭

的南壄县，是秦帝国权力伸向大庾岭的开始。然而随着南越国的建立，南壄县即成了秦帝国的南疆边塞。直到公元前111年汉武帝收复南越，才有了真正意义上的南中国一统。

可怜那15 000名中原女子，带着为秦帝国在南疆繁衍的特殊使命，当她们用脚丈量过最后一寸江南之后，所有的崇高和梦想化作了兵士们的饕餮舞蹈。她们注定永远回不去故乡，而她们的子孙则在南越的土地上代代繁衍。

或许这些女子是通过赣江进入岭南的最豪华的一支船队。赣江上白帆点点，桨声不息，旷古的悲叹掠过平原、丘陵和大山。

二

一千三百年前，迅速崛起的广州口岸让南中国的版图充满诡异的变数。

自先秦以来，赣江入粤通道虽然没有取得南北交通大动脉的地位，但是这条为避北方战乱而准备的天然通道从未废弃。公元140年（东汉永和五年），江西全境406 496户、1 668 906人。一百四十年来，江西人口增加了5倍。东汉末年，由豫章分出庐陵、鄱阳二郡，辖26县。其实，中国古代人口并非自由迁徙，甲骨文中就有“登人”的字样。秦统一中国后实行编户齐民政策，人口与税赋、徭役、兵役相关联，迁徙更是不容易。中国历史上若干大的迁徙都是政策性移民，而战乱引发的移民潮则从未停息，赣江作为移民东南的通道，从来都是首选。

· 章江和贡江在郁孤台下合流

赣江的表现让历史青睐。在南赣，赣江婀娜多姿，章江和贡江如赣江伸出的两只手，一只手挽着福建，另一只手伸进广东。在北赣，一个叫扬子洲的地方，赣江分成左右汊道进入烟波浩渺的鄱阳湖，以其宽阔宏大的胸襟走进长江。

隋朝，打开了中国的另一条通道，京杭大运河改变了中国交通，一部伟奇跌宕、史诗般的历史在版图的东方上演。

贞观之治之后，大批阿拉伯商人漂洋过海，云集广州。这些怀揣梦想的商人，把充满异域风情的象牙、珍珠和玛瑙带进了中国，也把中国的茶叶、陶瓷和丝绸带去了远方。贸易的繁荣催生了一条更加便捷的通道，也让京杭大运河在那个迷人的时空得到最大限度的延伸。

像是上苍的安排，让张九龄诞生在韶关曲江，这个“岭南第一人”做宰相便是名相，以至他死后，唐玄宗再选宰相，总要问：“风度得如九龄否？”然而，很多人记住张九龄是因其与大庾岭有关。公元716年（开元四年），张九龄开凿大庾岭驿道，亲任总指挥，不辞劳苦踏勘现场，“缘磴道，披灌丛”。古道修通后，张九龄撰写了《开凿大庾岭路序》，记述大庾岭开凿后，“坦坦而方五轨，阗阗而走四通，转输以之化劳，高深为之失险”。古代“京广线”就此形成，鄱阳湖承接京杭大运河，进入赣江航道，翻越大庾岭，经浈水入北江而达广州。

位于赣江下游的蓼子洲热闹非凡，来自深山的上等木材运抵江洲，而一艘艘木船便从这儿下水。《水经注·赣水注》云：“赣水又径谷鹿洲，即蓼子洲也，旧作大艑处。”唐宋时，江西造船业最为发达。《唐语林》称：“舟船之盛，尽于江西。”其实，比蓼子洲还大的造船基地在高安。史料记载，“船成，吏以二百人引一艘，不能动”。其船之大可想而知。发达的造船业成就了江西作为漕运枢纽的历史地位。

南北交通大动脉东移江西，八百年间，江西人口持续快速增长。史料记载，唐元和年间江西户占全国12.37%，宋代江西户占全国17.89%，元代江西户占全国20.84%。至此，湖南人口不及江西人口的1/3，湖北人口不及江西人口的1/5，而江西文化更是全国瞩目。

开放，让江西渐入佳境。

如果把历史翻过去，我能看到帆船时代留在赣江上的无限风光。

苏东坡《江西一首》，诗云：

江西山水真吾邦，白沙翠竹石底江。
舟行十里磨九泷，篙声荦确相舂撞。
醉卧欲醒闻淙淙，直欲一口吸老庞。
何人得隽窥鱼矼，举叉绝叫尺鲤双。

三

皂口河，赣江上游一条很小的支流，因为辛弃疾的一首词而名满天下。

辛弃疾是个悲情人物，效命疆场是他矢志不渝的追求，或许是长期报国无门的缘故，他的内心充满惆怅。任江西提点刑狱、驻节赣州时，他想起四十七年前隆祐太后在赣江上遭金人追捕，逃至皂口河才侥幸脱险。万千思绪，凝结成《菩萨蛮·书江西造口壁》。辛弃疾并不熟悉皂口，以致将“皂口”误写成“造口”。

· 郁孤台辛弃疾雕像

我曾在皂口做过细致的考察，断言这首词并没有书在造口壁上，而是书在人们的心里。在这首“语言蕴藉，意味深长”的词中，词人的报国意志跟着赣江向北倾泻。

郁孤台下清江水，
中间多少行人泪。
西北望长安，可怜无数山。
青山遮不住，毕竟东流去。
江晚正愁余，山深闻鹧鸪。

赣江航道并不顺风顺水，赣江十八滩集中在赣州至万安二百四十里航道上，历来被舟子视为畏途。民间说十船经过九船翻，虽然有些夸张，但谁晓得中间多少行人泪？

公元1094年，苏东坡谪贬惠州，八月初七入赣过惶恐滩，留诗一首：“七千里外二毛人，十八滩头一叶身。山忆喜欢劳远梦，地名惶恐泣孤臣。长风送客添帆腹，积雨浮舟减石鳞。便合与官充水手，此生何止略知津。”我曾粗略统计，唐至清代不少于六十九位著名诗人在赣江十八滩留下诗作，如此浩瀚的诗文书写这一处江河的确少见，因此人们把它概括为十八滩文化。

北去的赣江流过万安，江面平坦，南来的船只到了万安，出于安全考虑，一般需要换船。我曾访问过赣江上的纤夫，让我意外的是纤夫也是船夫。原来通过赣江十八滩的船只，一般不超过五吨，一条船一家人，遇到险滩，老婆使舵，丈夫孩子下船拉纤，他们喊出的船夫号子虽然不如其他河流的雄浑，但是无比坚韧。

古代京广线上，除张九龄之外，有很多官员为平滩做过努力，我很感兴趣的是一位知县张成章。此人四十九岁参加乡试中举人，五十岁参加会试，得了一个候补知县。1716年（康熙五十五年），六十八岁的张成章以左手抽签，被选授万安知县。上任时，同行者有妻子赖氏、次子张又英及媳陈氏、四儿媳赖氏等。这么一大家子人跟着他到万安赴任，不知当时万安人作何表现？然而，张成章莅任之初，“正风俗，革陋规，省刑罚，薄赋敛，号令严，行法宽”，样样有板有眼。尤其受粮农称道的是，他废除“粮减加耗，米除淋尖”，禁止以“三尖三踢”卑劣手段购米，立石斗为公斗于米市。公元1721年秋，恰遇天旱，赣江干涸，惶恐滩险石凸显。张成章带头捐俸，又会集绅士客商捐款，亲赴惶恐滩，诚心斋戒，祷告天地河神，并督令全县各乡石匠不分昼夜，凿去滩中险峻怪石。在历朝历代万安知县中，张成章以老迈之躯建树颇丰，令人感佩。

十八滩催生的文化是面对困难时积极的生存态度，是不畏艰险、勇往直前、不屈不挠的克服困难的精神，甚至还有好死不如赖活的情绪，这种情绪难道没有坚韧的成分？如果把诗人们的诗文看作十八滩文化的主体，而忽视生活在这里的人们的状态，自然是文化的倒置。可悲的是，正是这种华而不实、空而无用的文化观却大行其道。

四

公元1397年（洪武三十年），来自湖南常德的一封上书，让明太祖朱元璋大悦。

常德府武陵县县民上书：

> 武陵等十县，自丙申（元顺帝至正十六年）兵兴，人民逃散，虽或复业，而土旷人稀，耕种者少，荒芜者多，邻近江西州县，多有无田失业之人，乞敕江西量迁贫民开种，庶农尽其力，地尽其利。

史籍记载了明太祖看过上书后的反应：

> 悦其言，命户部遣官于江西，分丁多人民及无产业者于其地耕种。

据说，这是见于正史的唯一一条明朝从江西向湖广强制性移民的记载。其实政策性移民在明初就开始了，顾炎武在《日知录》中说：“明初承元末大乱之后，山东、河南多是无人之地。洪武中，诏有能开垦者，即为己业，永不起科。”明初的垦荒政策带有普遍性，不只是山东、河南，湖广也是如此。《湖广总志》记载：“自元季兵燹相仍，土著几尽，五方招徕，民屯杂置，江右、徽、黄胥来附会。”可见，当时招徕政策不分籍贯。由于江西与湖广在地理和历史方面的联系，江西又是当时的人口大省，因此政策驱使下来湖广的又多是江西人。

我在阅读《江西通史》时看到这样的记述：

（乐翁）公世居江西太（泰）和县十九都八甲，当明定鼎初，诏徙江西民实楚南。公于洪武二年己酉卜徙湘乡。父子兄弟叔侄男女共二十二人，择十月初六日起程。同江湾一队，共七十九人。初九日至临江府，初十日在皇叔署领票，就曹家埠登舟，十二日至袁州府，十四日至彤关，十六日至长沙府小西门舍舟就陆。息韩、刘两店一日。十九日宿湘潭后街，二十日宿云湖桥，二十一日至湘乡县南门，息单、葛两家一日。二十三日分一队共二十六人循河边上潋水去。公等过洙津渡，宿虞塘。二十四日过甲头塘，宿青石塘。二十五日在梓门桥，分一队共二十五人往青蓝去。公等由铜梁塘，本日到六十六都约冲，卜栖焉。计自初起程，凡二十余日，所至皆挂号，夜则老者投店，少者皆露外也。公既至约冲，遂于二十八日起工造室。十一月初六日入宅安居。明年庚戌，华三、华六、华八、华九及周珍保，又离约冲外去矣。公以暮年跋涉，体渐不安，至是年四月初一日气喘沉重，自分难延，遂集家中老少嘱托后事。命三男宗海写记云：自我太祖以来，五代未分，我等在江西，人民广众，谷米贵如珍珠。今离江西半载，到此插得地方，未曾清楚。曰叔曰弟，我子即汝子，同心协力，立清界抵，报上登籍，安家立业，不枉前程，方可落心。……至初十日申时去世。春秋八十有三。……源裕公讳宗海，乐翁公第三子也。乐翁公没后二年，公兄弟复自约冲迁龙田打脑陂，及江埠、烟竹坪等处家焉。

这段记述来自湘乡《龙田彭氏族谱》，讲述的是江西泰和县一个家族被强制迁往湖南湘乡的过程。

公元1369年（洪武二年），彭氏家族从泰和顺赣江而下，至临江府，逆袁水而上，至袁州府，后经渌水、湘江至长沙府城，再经湘潭至湘乡，全部行程用了20天。路上与“江湾一队”不期而遇，这说明当时移民规模之大。彭氏一家父子兄弟叔侄男女共22口，举族而迁，“江湾一队”57人，也是举族而迁。在迁移的过程中，沿途须验明身份，“所至皆挂号”，落脚后须“立清界抵，报上登籍”，自始至终都在官府的控制之下。

古语说，树挪死，人挪活。迁徙实现了资源的合理配置，同时也达到了版图人口的平衡。来自不同地方的人口带着不同的文化，在新的地方碰撞融合，形成新的价值选择，这就是文化交流的意义。

寻根怎么寻，寻到哪儿才是根？上古以来，江西历史的基本趋势是从中心到边缘，然后从边缘逐渐走向中心。人们总以为南方人都是从北方迁徙而来，这怎么可能呢？历史上北方战乱频繁，南方正是北人逃难的栖身之地，但因此说江西人都是客家人是偏颇的，这种泛客家化对江西文化的支离不可小视。

若论文化，宋明时期已经奠定了江西文化的底色，这一时期，赣鄱大地欣欣向荣，人口保持大省地位，人才又何尝不是大省？唐至清代，江西人任宰相28位、副宰相62位。“二十四史”中立传者500人。唐朝书院兴起于江西，宋元明三朝江西书院数量均为全国第一，占到20%~30%。陶渊明创田园诗派，晏殊、欧阳修开西江词派，黄庭坚开江西诗派，杨万里开诚斋体诗派；曾安止著《禾谱》，宋应星著《天工开物》。这样的辉煌文化简直不胜枚举。

赣江北去，把江西精华源源不断输送到国家的心脏。

五

赣江的支流就像赣江的血管，密密麻麻，只要有河流的地方就有灵动的思想跃动。

在我走过的古村中，有赣江边的吉州燕坊，有富水河岸的青原陂下，有乌江边的乐安流坑，有抚河边的金溪竹桥，还有锦江河边的高安贾村……这些古村哪一个不是靠经商起家，然后在家乡营建？有时候我想，如果没有明朝资本主义的萌芽，传统文化岂不失去传承的载体？我想到这些，竟莫名地对赣商有了强烈的认同。赣商内敛、生生不息的精神品格，正是江西文化的写照。

其实江西太富有，在明朝就出现了何心隐这样的大思想家。1553年（嘉靖三十二年），何心隐在家乡永丰县瑶田镇梁坊村创立聚和堂，这是中国历史上出现的第一个“乌托邦”社会。学者黄宗羲在《明儒学案》一书中说，何心隐是一个可以掀翻天地的人，是一个可以赤手搏龙蛇的人，是一个前不见古人、后不见来者的人。这样的评价简直让人难以置信。

根据记载，何心隐少怀异禀，从小抱定考功名入官场为国效命的理想，所以他读书刻苦，成绩也好。永丰县考名列前茅，吉安府考出类拔萃，如果他接着乡试会试，中举人进士第应该没有悬念。可是他考完府试，突然决定不再考了。实际上，读书人但凡有了这种想法，定然是官场所致。官场烂了，进去了又安能作为？而何心隐的选择无疑给无奈中的读书人找到了一条新的出路。

赣江见证了江西千年繁华。鸦片战争之后，广州口岸让位上海，“一口通商”的格局彻底被打破，赣江航道失去悠久的优势，江西从通衢要区变为封闭的内陆省份。尽管此时江西仍然保持着人口大省的地位，到清代咸丰元年（1851）江西人口达到2451万，但是江西学风衰减，文化密集区收缩至江浙。

谭嗣同比较湖南和江西两省文化时说：“江西习俗守旧，愚如土番，上无开民智之长官，下无通民情之学会，一睹俗人妇孺意计中所不能有之雄图霸业，势必群然奔骇，不恤出死力以相沮挠，则扰而败……湖南自数年以来，文明日启，脑筋日灵，言新则群喜，语旧则众唾。”（《论湘粤铁路之益》）不管谭嗣同的话有无道理，作为一个江西人，我们应该从历史中得到感悟。

第二章／灵魂的居所

在江西大地寻找不同区域的文化地理坐标，我发现大量存在于江西民间的文化遗存竟是那样摇曳多姿，似乎那些偏僻的居所灵魂犹在。

临川的百年时空

晏殊的诞生，点亮了临川的百年时空。

公元991年至1086年，晏殊、王安石、曾巩，三个临川人带着静默的赣东，走进国家的中枢和文化的高地。

在政治上，晏殊、王安石分别参与、领导了庆历新政和熙宁变法，虽然这两次改革都以失败告终，但是革命导师列宁仍然称赞王安石是“中国十一世纪的改革家”，近代思想家梁启超则称王安石变法为“国史上、世界史上最有名誉之社会革命”。无疑，这是就世纪范围而言。在文学上，王安石、曾巩同时位列“唐宋八大家”，晏殊开创了北宋典雅流丽的词风，而成为一代词宗、西江词派的领袖。

赣东远比我想象的精彩。

在赣东寻找名人的居所，不是一件简单的事，这与我在其他地方的遭遇大体相同。很多名人故里早已不复存在，或已面目全非。其实，那个时空早已凝固，我已经走不进去了。但是，我仍然要去这块诞生过名人的土地上看看，我想亲近这块土地，而且这样的行走，还可以延长我的阅读。

处在赣抚平原上的沙河村依山傍水，远山犹如玉带环绕村庄。这个村庄古属临川，现在被划入进贤，属南昌市管辖。一千一百

· 晏殊故里

多年的建村史，留下了三十多幢明清建筑，其中晏氏家庙和神童古井是最具晏氏特征的文物。在晏氏家庙，我看到有进士、举人三十多人，在朝为官者多达百人。公元991年，晏殊诞生在这个村庄。晏殊尚未出生时，这个村庄还处在肇始阶段，传说风水先生告诉晏殊的父亲，村中有块宝地，地下有一块青石板，千万不可打开。晏父好奇，小心翼翼地将青石板挪开，突然一只白鸽飞将出去，晏父一个激灵，慌忙将青石板盖住。可这一盖，却折了另一只白鸽的脚。沙河人说，飞出去的那只白鸽留驻赣中，后来诞生了文天祥。而折了脚的那只留在了沙河，由是诞生了晏殊。不知什么原因，晏殊从小跛脚，便让传说长起了翅膀，千年以来，这个传说在人们的演绎中愈加丰满。

史料记载，晏殊从小聪明好学，五岁能文，六岁能诗，有“神童”之称。沙河村现存一口神童古井，据说是晏父挖掘的，后来被村里人贴上了“神童”的标签。1004年，担任江南安抚官的张知白推荐晏殊以神童的名义参加殿试。年仅十四岁的晏殊镇静自若，很快完成了答卷，受到宋真宗嘉赏，赐同进士出身。《宋史》说晏殊刚简威猛。什么叫刚简？简单没有弹性？或者说没有什么花花肠子？所以晏殊门下会集了范仲淹、孔道辅、王安石这样的栋梁之材，而当时天下英才韩琦、富弼、欧阳修无不得到晏殊的提携或者引荐。富弼成了晏殊的女婿，晏殊为宰相时，富弼为枢密副使，后来官拜宰相。晏殊为官，举贤不避亲，是一个不俗的人。而威猛自然是威武勇猛的缩写，它应该包括果决、迅猛的意思。其实，从晏殊的行为上，我也读到诸如慎密的内容。他任左庶子时，皇帝每次向晏殊询问事情，都用蝇头小字把内容写在小纸片上，晏殊把自己的看法写好，连同那张小纸片一起呈给皇帝。这一点正为皇帝所欣赏。慎密果敢，这正是改革家应有的素质。

历史上有名的“庆历兴学”是晏殊推行的。天圣五年（1027），晏殊以刑部侍郎贬知宣州，后改知应天府。这期间，他极为重视书院发展，大力扶持应天府书院（睢阳书院），力邀范仲淹到书院讲学，培养了大批人才。睢阳书院与白鹿洞书院、石鼓书院、岳麓书院合称“宋初四大书院”。庆历二年（1042），晏殊官拜宰相，后与范仲淹一起倡导州县立学，设立教授，改革教学内容。自此，京城至郡县都有官学，史称“庆历兴学”。欧阳修评价说：“自五代以来，天下学废，兴自公始。”

不久，朝廷展开了一轮以整顿吏治为核心的新政，范仲淹、富弼、韩琦参与其中，至1045年新政以失败收场。范仲淹、韩琦、富弼等人皆被贬。二十多年后，另一个临川人王安石主导了熙宁变法，以期改变国家积贫积弱的局面。公元1069年（熙宁二年），王安石任参知政事，提出了一系列的变法主张，至熙宁三年，改革几乎波及政治、经济、军事、科举等方方面面。熙宁七年，天下大旱，其所推行的青苗法首先遭挫，反对派强烈的反弹涉及王安石变法的所有领域。改革失败，王安石罢相。令人费解的是，过了一年王安石再次拜相，但此时改革派内部分崩离析，新法推行已无可能。几年以前，这位改革家还在《本朝百年无事札子》奏疏中，阐析原因，指出危机四伏的社会问题，呼吁“大有为之时，正在今日”，而此时王安石仰天长叹。一个千古难寻的治国雄才，一位深思熟虑的改革家，从此在国家政治舞台上黯然退场。

有时候我想，应该怎样评价王安石的改革呢？以今天的眼光评价，青苗法等都具有进步意义，可王安石的改革为什么会失败呢？相比庆历新政，王安石的改革范围更广，更具颠覆性，而这种颠覆性正为我们民族的文化传统所不容。然而，纵观中国历史，这样的改革何其珍贵。

王安石性格执拗。我读《王安石传》，似乎能够品出一丝冷漠，以至曾巩很长时间都跟他说不上话。因卷入王安石变法论争，曾巩自求补外，不料一去十二年。《局事帖》便是他给一位朋友的回信，从这封简短的信件中，我读出了苦闷。王安石和曾巩沾亲带故，两个人的父辈都在临川做官，从小在临川长大。曾巩十八岁随父进京，文名远在王安石之上，以文结识欧阳修后，又把王安石引荐给欧阳修。在曾巩最后的时刻，王安石多次去看望。或许这就是改革家王安石，心系一处，全神贯之。“春风又绿江南岸，明月何时照我还”，这样的诗句应该更能反映改革家王安石的内心情感。然而，他最终没能够回到临川。

有意思的是，曾巩的《局事帖》常常给今天的人们带来惊喜。2009年11月22日，在北京保利夜场，曾巩这件《局事帖》以1.08亿元人民币成交。2016年5月15日，在中国嘉德春拍“大观——中国书画珍品之夜”拍卖专场中，华谊兄弟董事长王中军以2.07亿元人民币竞得曾巩《局事帖》。

《局事帖》全文124个字，照录于此：

局事多暇，动履禔福。去远诲论之益，忽忽三载之久。跧处穷徼，日迷汩于吏职之冗，固岂有乐意耶？去受

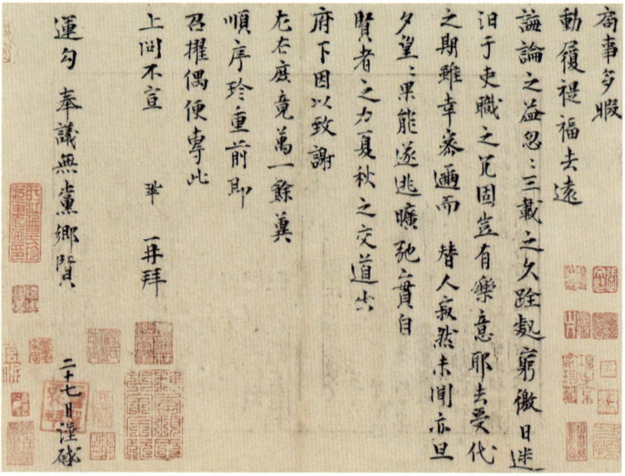

·《局事帖》

代之期，虽幸密迩。而替人寂然未闻，亦旦夕望望。果能遂逃旷弛，实自贤者之力。夏秋之交，道出府下，因以致谢左右，庶竟万一。余冀顺序珍重。前即召擢，偶便专此上问。不宣。巩再拜。运勾奉议无党乡贤。二十七日。谨启。（印文：曾巩再拜）

严格地说，晏殊与王安石、曾巩并不是一代人，王安石生于1021年，比曾巩还小两岁，而晏殊比他们两个人大了差不多三十岁，他与两个年轻乡党保持怎样的关系，不得而知。庆历二年（1042），晏殊拜相，王安石考中进士，而曾巩落榜，王安石进入晏殊的视野应该是顺理成章的事。以后曾巩又考了几次，因其擅长策论，轻于应举时文，故屡试不中。相比王安石，曾巩经历的磨难太多。庆历七年（1047），二十八岁的曾巩因为父亲亡故回到南丰，侍奉继母，抚育四个弟弟和九个妹妹。如果不是欧阳修改革文风，曾巩或许一生与官场无缘。嘉祐二年（1057），欧阳修主持会试，坚持以古文、策论为主，诗赋为辅命题，曾巩才得以考中。这一年曾巩三十八岁。

在临川考察时，我听东乡人说，王安石的故乡在东乡小池；而临川人说，王安石的故乡在临川县城。我去过小池，进村有一块牌坊，上面的题字出自舒同的手笔：“十一世纪最伟大的改革家王安石故乡。”这个村庄明显经过了打造，干净整齐，楼房很多，古建很少。但王氏宗祠保存完好，尽管经过修缮，还是能够看出年头不浅。尤其是那些磉柱，硕大无比，雕饰莲花，气度不凡。

·临川王安石纪念馆前的王安石雕像

或许王氏在此开基，而王安石随父长在城里，这也是寻常的事。

我没有找到曾巩的居所。在南丰盱水之旁，我看到了曾巩读书岩，是一处不深的岩洞，旁边有一个两米见方的洗墨池，环境十分幽静。人们在洞口塑有曾巩像，岩上增建一个亭子。在洗墨池旁蹲下，我似乎想沾些散文大家的灵气。我想曾巩在南丰应该是有居所的，不然曾父亡故后，曾巩回乡抚育弟妹，若无田土，又何以谋生？而这一处只是曾巩寻找的幽静读书处。我在金溪考察时，看到东源曾家的门楣上就有“南丰世家”的题匾。南丰曾氏因为何故散了，不得而知。

曾巩为文，自然淳朴。记事翔实而有情致，论理切题而又生动，语言委婉深沉，简洁凝练，结构严谨，条理分明，无不达之意。其实文章即心性，王安石直陈己见，简洁峻切，短小精悍，形成了“瘦硬通神”的独特风貌。他的诗以丰神远韵的风格在当时的诗坛自成一家，世称“王荆公体”。相比两位散文大家，我似乎更迷恋晏殊的词。他一生写了一万多首词，虽然大部分散失，但还是留下了一百多首，其中不乏耳熟能详的佳作名篇。晏殊喜用“独”字，似乎没有这个“独”字不足以表达宰相词人的心境。“一曲新词酒一杯，去年天气旧亭台。夕阳西下几时回？无可奈何花落去，似曾相识燕归来。小园香径独徘徊。”酒彰显词人的豪气，别人醉了睡觉，晏殊醉了，“昨日西风凋碧树。独上高楼，望尽天涯路”，这与欧阳修“醉能同其乐，醒能述以文”，似有异曲同工之妙。北宋文人的境界让我向往，临川的文采让我折服。

百年时空，多彩诗文和远大抱负，奠定了赣东不朽的文化品质。

月光里的易堂

易堂，高山之巅的一处平房，因诸子在此讲《易》而获名，又因诸子为数九人，人称“易堂九子”。

公元1708年（康熙四十七年），“易堂九子”最后一位老人彭任仙逝，享年八十四岁。从1646年上山时算起，“易堂九子”历时一个甲子，树立了一座不朽的精神部落，并把一个地方的文化标志立在险峰之巅。

一

公元1646年（顺治三年），一群年轻士子相聚宁都城，拖家带口登临翠微峰。

位于宁都县城西郊的翠微峰，是金精山十二峰之一，它的周围还有相互连接的莲花、合掌、仙桃、凌霄、瑞竹、披发、望仙、三巘、伏虎、石鼓等峰。翠微峰最险，亿万年的风化，使其形成了孤峰突兀、壁立千仞的雄奇景观。

站在山下仰望山巅，有一种眩晕的感觉。南面的裂坼，犹如鬼斧神工般劈开一条缝隙，从山脚蜿蜒至山巅，是上山的唯一通道。

早春时节，新柳还没有发芽，南方的湿土已经苏醒，水和土在脚力的作用下泥泞不堪，冷风裹着的身体如熊一样笨拙，一行

· 翠微峰

人手脚并用匍匐攀崖。

这个时节登山，显然不是游山，那么这群人去向山巅所为何故？而这又是怎样的一群人呢？

二

宁都号称“文乡诗国”。“诗国”之称始于南宋，其时宁都县城一条狭窄僻静的小巷诞生了三位有名的诗人，“江湖吟社”享誉全国，而此小巷也被誉为“斗诗巷”。“文乡”之誉添于明清，清初创立的易堂学馆位列“三山学派”之首，而“易堂九子”中的魏禧是明末清初著名散文家，与侯朝宗、汪琬合称“明末清初散文三大家”。

魏禧家族是宁都望族，祖上累世为官。高祖魏良宗赈灾，百姓长跪道谢，嘉靖皇帝下旨表彰魏氏一门，“圣旨门魏”名传千里。父亲魏兆凤，忠孝贤达，钟情于功名效国，崇祯元年（1628）魏兆凤先后被举荐为孝廉、师儒，并被巡抚呈报朝廷，但是魏兆凤认为朝廷多党人，俱不就。然而魏兆凤养育了三个杰出的儿子：长子魏际瑞，性格豪爽，乐于助人，敢于担当。次子魏禧，世称叔子，心直口快，待人坦诚，乐交朋友，十一岁时，便以第一名的成绩考中秀才，十几岁已经出落成意气风发雄心勃勃的少年。三子魏礼，性格刚直，好冲动，不给人面子，却又不善言谈。

公元1644年4月，崇祯自缢，明朝灭亡。消息传来，魏家素衣缟服，如丧考妣，举家哀号。魏兆凤在家中特设社稷碑，宁都才俊李腾蛟、邱维屏、曾灿、彭任相约魏家，举行国殇纪念仪式。后来，魏禧挥笔写下伤怀诗：

北风漠漠，寒云千里。
瞻望昊天，涕泣不已。

满人入关，国已不国。去向何方？魏禧倡议上山，拒不与清廷合作，得到家人和朋友的响应。实际上，这成为当时有气节士子们的共同选择，顾炎武、黄宗羲、方以智不约而同地选择了这条道路。心怀这样的信仰，在当时除了上山，几乎没有其他选择，因为清初全国各地变乱蜂起，清政府于顺治二年（1645）颁发了“剃发令”，男子不剃发者“杀无赦”。要坚守信仰，就必须找个地方隐居下来，否则剃发破形等于在形式上接受了清廷。

翠微峰成了他们的首选。

· 翠微峰石磴

翠微峰险，凡是登山的人必须经过裂坼上磴数十级，而后经过瓮口弯腰驼背爬出去，再攀石磴数十级，经乌谷，至罗汉凸肚，又上数百步，梯磴交错，最后方可登临顶峰。其中罗汉凸肚最为险峻，下临深渊，一脚踩空便有性命之忧。而瓮口更是名副其实，只要砌起一道闸门，一夫当关，万夫莫开。当时翠微峰是土匪窝，很少有人靠近，在这个地方隐居坚守再好不过。

翠微峰奇，峰顶平阔，灌木丛生，杂树参天，令人称奇的是，山上竟然水源丰沛，居住二三百人不会有问题。

1645年冬天，魏禧从土匪手中以高价接过翠微峰。山上过去有少许房屋可供人居住，魏禧领着朋友们上山做了简单收拾。到了1646年的春天，魏禧先将各位朋友的家眷安顿上山居住，其他需要的居所请工匠加紧修造。这个时候，上山的这帮士子，年龄最大的李腾蛟三十七岁，最小的魏礼才十八岁，而挑头的魏禧也不过二十二岁。这一帮才华横溢、义薄云天的人集聚在一起，在明王朝的灭亡之时，共同演绎着悲苦卓越的人生。

三

坦白讲，我过去并不清楚“易堂九子”这个名号，或许“易堂九子”的文化选择不被人们重视，而在很长的历史时空中被尘封。2017年初夏，我去宁都寻访中国历史文化名村东龙李家，在李氏宗祠前，看到一块石碑上镌刻着“易堂九子李腾蛟”，甚为疑惑。我问东龙村理事会理事长，“易堂九子”何许人也？他向我娓娓道来，我恍然大悟，原来三百多年前宁都地界集结了一批这样的文化精英。

“易堂九子”除了魏氏三兄弟，还有六位。魏家女婿邱维屏，他喜欢松下读书，人称松下先生。此人性格沉静，有时几天不开口说话，但讨论问题一反常态，争论不休，是一个特别较真的人。魏家邻居曾灿，是魏禧最好的朋友。魏、曾两家为世交。曾父是进士，担任兵部给事中。杨廷麟奉南明皇帝旨意守赣州时，曾氏父子募兵一万驰援赣州。杨廷麟战死，杨夫人在家自缢，留下一个三岁幼儿，不知去向，多年后演绎了魏禧与彭士望赣州葬尸寻孤的动人故事。兵败后，曾父回到宁都，不久辞世。十多年后，曾灿登临八境台，仍怅然怀恨，慷慨而歌：“拔剑酣歌空斫地，伤怀落日莫开窗。少年戎马春风里，犹记围城不肯降。”魏禧同门师兄李腾蛟，年长魏禧十五岁，是“易堂九子”中的老大，他温文儒雅，淳厚善良，不亢不卑，精通周易，有长者风范。魏禧同庚好友彭任，宁都本地富绅，魏、彭两家也是世交。彭任好学敬师，对先生毕恭毕敬，有时受到先生的质询，甚至肃立至天明，其求学态度常常令先生动容。

还有两位南昌人，其中一位彭士望，出生在南昌名士彭晳之家，同样是少年才子，十岁作对“万户共迎新日月，千门不改旧山河”，人称“神童”。十二岁作诗“纵积金英为非子，便无酸气不识贫”，气节可嘉。巧的是，他如曾灿一样与杨廷麟关系不一般。李自成攻入北京后，被贬到南昌的杨廷麟与彭士望，决心效法文天祥起兵勤王。另一位林时益，本姓朱，名议霶，是明朝皇室益王的后裔，随父迁居南昌，成为彭士望的亲戚。明亡后改姓林，自小胆气过人，五岁与大人对弈，面不改色。1645年，清军即将攻入南昌，这两人先将家眷迁入临川，辗转至宁都与魏禧相识，并选择上山隐居生活的道路。

写作本书时，我一直纠结，我将选择怎样的地方历史来表现赣州灵魂的居所呢？作为江西的客家板块，赣州是一种怎样的姿态呢？我肯定不是非常了解赣州，可是当知道“易堂九子”之后，我几乎放不下这个题材了。

宁都地处赣州东大门，《江西通史》记述宁都，最重要的方面是作为客家人进入赣州的通道，既是通道，就有汇聚、交融和传播的影响力。事实上，当我第一次行走在宁都这块版图上时，我感受到了一种直至心灵的文化震撼。

四

翠微峰成了一个村庄，虽然现在已经看不到昔日的模样，但是我似乎可以想象当年山上的景况。藤萝缠绕，鲜花四季盛开，鸡犬相闻，果蔬飘香，俨然桃花源中。

根据宁都作家邱国坤先生的描述：翠微峰上原有五间平房，中间一间是公堂，也是诸子讲《易》的学堂，两边的房安排给魏家老大和老三，侧面两间分给彭士望与林时益，他们两家人多，上山后又在旁边搭建了三间小房间。邱维屏挨着正屋后面垒了一间土屋，名为“慢庑堂”。曾灿和李腾蛟住在易堂对面的石壁下，那里建了一排平房，总共八九间，小屋紧贴石壁，十分逼仄，光线昏暗。

魏禧的住处建在易堂后面的坡上，至1648年落成。这是翠微峰上最为讲究的一处建筑，三间一过的楼房，上有栏杆廊步，屋旁花木丛生，屋靠山崖，崖间有一泓清泉溢出，流入池中，池中种植白莲，命名“勺庭”。对于这处居所魏禧十分喜欢，他说：“安不可幸，而乐不可常也？”

易堂前有一口小水塘，易堂人在水中种上荷，到了夏天，蛙鼓如雷，荷叶青青。彭士望诗云：云中莲叶秋池艳，天半桃花春井香。这是一番何等的景致！天上的莲叶开在秋天的池塘是如此艳丽，这后一句怎么又回到了春天？恐怕这水塘边还种着桃，桃花飘落，香了岸边的水井。

魏禧喜桃，尤其爱竹，他在翠微峰勺庭周围种了许多竹子，经常在竹荫下散步。诗云：“修竹万竿，清溪一曲。曳杖容与，适我幽独。”在另一首《春日即事》中，魏禧写道：“棕鞋茶杖笋皮冠，落日春风生暮寒。竹里桃花花外柳，一池新水浸阑干。”高洁的情操滋养高尚的气节，日月光华长进村庄的灵魂。

五

翠微峰有泉便可活人，但出产有限，与外界沟通不便。山上的生活清苦，人们粗茶淡饭，衣服缀满补丁。南昌来的两位士子荷锄耕种，自力更生，尽量让家人生活过得好一点。林时益垦荒种茶制茶，诗云："茅屋鸡声叫东日，镫光犹向锅头炒。"彭士望种水稻，他自己描述道："去年学稼草湖中，牛力初烦季从工。一病支床淹岁月，四郊闻乱走村农。"

事农只是为了生计，士子内心的追求却是他们不变的坚守。每个人都有信仰，只不过信仰不尽相同，而坚守信仰的坚韧程度也不会一样。如"易堂九子"坚守的是一种有尊严、有气节的生活，为了这种生活他们可以放弃很多，包括田产、舒适的生活环境，在生活的困境中矢志不渝。其实易堂中的每个人都有机会。康熙做了皇帝，下旨归还明王室田产，林时益可以选择回家，过原来的贵族生活，可是他没有离开翠微峰。1679年（康熙十八年），康熙下旨开博学鸿儒科，魏禧在荐举之列。江西巡抚差专人从南昌赶赴宁都，催促魏禧赴京应诏，魏禧称病拖着不去。地方官怕圣上怪罪下来，用门板把魏禧抬进巡抚衙门，巡抚看他棉被裹身似乎病得不轻，便奏报朝廷。如魏禧拒绝博学鸿儒科者，"易堂九子"中还有邱维屏和彭士望。

从内心拒绝清朝，并非愚忠，一群书生只读书不入仕途，讲的是义、是品格。至1647年，魏禧料定南明气数将尽，决定与科举取仕的道路决裂。魏禧不停地写作，似乎南明或可给他一线希望，他没日没夜连续写下了《限田策》《奄宦策》《制科策》，变法三策是魏禧救国的“出师表”。令人意外的是，这种风格的写作，竟成为魏禧走向散文大家之路的重大转折，开“易堂九子”一代清新文风。彭任读书练字，研习医术。曾灿游历天下，足迹遍及岭南和江浙，而魏礼则多次游吴越广交朋友。后来，魏际瑞不惜破形，广交天下志士。上山为的是坚守信仰，下山是为了服务社会，在这个过程中，修身养性。

“易堂九子”个个博学，又有高洁的志向，教书育人当是他们的不二选择。上山之初，他们在翠微峰开馆讲《易》，九个人同时执教于此。后来学生多，山上容不下，魏禧便下山在龙溪边的水庄办学授徒，李腾蛟则留在山上继续招徒讲《易》，而邱维屏迁至翠微峰边上的三巘峰开馆，这三家书院被称为“易堂三馆”。

月光里的易堂冷峻而多情。明末清初的时光隧道，迟滞了多少南迁学子的脚步？

六

公元1658年秋天的一场诗会在翠微峰曼妙上演。

曾灿依然是战士，如当年随父奔赴战场，诗人的情怀与战士的情怀狂放：

千峰惊独立，天堑屹然开。
鸟迹藤萝古，猿枝石径回。
长空浮日月，虚气冷楼台。
试问山灵者，安知夫子来。

彭士望的目光仍在峰中：

出岭才一步，巍然千仞峰。
老黄连草屋，嫩绿发花丛。
云气荒村外，书声古树中。
入门欢稚子，噩噩尽春风。

李腾蛟视线远去，此情执着：

项羽弑义帝，衡山固首戎。
神仙自忠孝，岂为悦己容。
虞歌尽垓下，戚舞归厕中。
此女独不嫁，魂魄为雌雄。
至今祠金精，直与黄石同。

彭任从李腾蛟的大视角中回归易堂的独立：

三岘环山裹，林居面向清。
窗虚入竹色，夜静出泉声。
雨湿寒烟重，风飘霜叶轻。
老来无一事，独立有余情。

魏禧充满希望的流露却不乏自嘲：

金精峰外白云低，石径苔痕印鹿蹄。

丝袅晴空风断续，竹敲清夜雨离迷。
瓠瓜吾已同刍狗，土室人今似木鸡。
草鞜何曾来热客，木香花下有新题。

魏际瑞终于出场了。这位易堂的后勤部长，为了易堂士子们的平安，不惜破形走进衙门当差，可他的心从未离开翠微：

我居翠微，观彼流泉。
流泉若何？其下有渊。
其下有渊，其中有天。
天渊如期，何以忘年。

李腾蛟感动了，他接过来：

茅屋数椽，维山之巅。
白云结牖，液下流泉。
日月升沉，满影摩肩。

魏际瑞的翠微之情还没抒发完，他还要倾诉：

我有翠微，有竹芊芊。
我则庐之，我则游焉。
我有朋友，亦来其间。
可以忘饥，可以忘年。

李腾蛟醉了，醉了的李腾蛟摇头晃脑，闭目再吟：

兹屋兹山，金精之间。
群山角出，我处独闲。
白露晨流，明星夜然。

山上虽然苦，却充满了诗意，而让人景仰的是诗中洋溢的独立情操。

七

月亮升起，海拔数百米的翠微峰顶，一场灵魂的对决悄然开始。

魏禧总结魏礼的缺点，三个字“疏、褊、傲”，并严肃地指出，如不正视并加以改正，将来必定影响自身成长和发展。彭士望规劝魏禧，你喜欢对别人提意见，但拒绝别人的意见，拒谏饰非是很坏的毛病，你要知过就改。

彭士望在《翠微峰易堂记》中描述了这种状态：“方初聚时，俱少年朗锐，轻视世务，或抗论古今，规过失，往复达曙，少亦至夜分。不服，辄动色庭诟，声震厉，僮仆睡惊起，顷即欢然笑语，胸中无毫发芥蒂。”真的是“上殿相争如虎，下殿又不失和气”。这是修养和才智的较量，更是信仰的比对，胸怀和情怀昭然天下：

任天下于一身，托一身于天下。

这样的高度天下景仰。当年范公谪贬河南，滕子京贬在岳阳，范公赋文“先天下之忧而忧，后天下之乐而乐”，响彻湘江之尾，数百年后范公激荡心扉的绝唱又被“易堂九子”唱响在赣江之源。以天下为己任，这是中国儒学不死的情怀，也是中国儒学近乎宗教般的告慰。

我常常想，赣州这个客家人聚居的区域，何以产生易堂群体？或许还是有传统。南宋末年文天祥勤王始于赣州；明末易堂群体中彭士望、曾灿力挺杨廷麟，欲挽南明于既倒；魏禧赣州寻孤，为的是杨廷麟一脉不绝。这样的文化源流如出一辙。

这是一群怎样的人啊？处山野之中，讲《易》论道，修身齐家，奢谈天下。他们把自己的理想、情怀以及不满，怒放天下：

能知足者天不能贫，
能无求者天不能贱，
能外形骸者天不能病，
能不贪者天不能死，
能造就人才者天不能孤，
能以身任天下后世者天不能绝。

进士出身的方以智，明亡之时组织义军抗清，战败被俘，宁死不降，此后出家，法号弘智，别号药地。他到翠微，与易堂诸子相处两个月有余，感慨“易堂真气，天下罕二”。何为信仰啊？一般而言，信仰是一种人生态度、一种生存方式的选择，忠诚于自己的选择，永志不忘，终生不悔。这样的信仰感天动地，这样的信仰惊世骇俗，这样的信仰弥足珍贵。

墨庄的梦想

鸦溪河在天宝盆地流了几千年，如水的时空隧道把一座县城送给了天宝。

公元222年至229年，东吴黄武年间始立宜丰县，县治就设在天宝。这以后直到唐代，宜丰县二废二立，三次为县治的时间共计二百七十余年。古时择县治，漕运是首先要考虑的因素，地理的变异自然也是县治移出天宝的原因。鸦溪河成就了天宝县城最初也是最后的繁华，如今鸦溪河变窄了，水流并不丰沛，只有岸边的楠木林见证过这条河曾经的繁忙。文明跟着水流的方向传播，当水流枯竭的时候，曾经的文明也随之物化。

天宝富庶，谚云："人到天宝舍不得回，牛到天宝要剥皮。"天宝罗酒古朴醇香，虽是糯米酒，但后劲儿很足。天宝养人，谚云："万载的爆竹浏阳的伞，天宝的女子不用拣。"天宝充满灵性，酷似船形的地貌，在静默的时空中摇橹扬帆，而天宝依旧稳稳当当靠在岸边。宋光宗（1147—1200）时代，刘椿在宜丰任大姑岭巡检，天天走在这块土地上，非常熟悉天宝。其实，巡检就是基层的小官，在当时是县衙所属的捕盗官，大概相当于现在的派出所所长，刘椿管辖的大姑岭片区应该包括天宝。任满后，刘椿偕家眷迁居天宝，在曾经的那座县城里播下墨庄的种子。

墨庄是刘椿先祖刘式的书屋。刘式（949—997）字叔度，南唐进士，今江西省樟树市黄土岗人。史载，刘式从小有远大的志向和高洁的操守，埋头读书做学问，十八九岁离开家乡到庐山居住，潜心研究《春秋左氏传》《春秋公羊传》《春秋穀梁传》，在庐山生活了五六年不回家，直到学业精湛高中进士。公元975年，宋统一五代十国，刘式被宋太祖留用，出任大理丞出监通州丰仓入判三司都磨勘司。这是一个管理财税的官职，官虽然不大，可刘式干得有声有色，成绩斐然，其工作方法被总结为“三年磨勘之法”，刘式也被冠以“刘磨勘”的雅号。淳化年间，刘式转任太常博士，后改任工部员外郎、刑部郎中。宋太宗赐御书、帖十六轴以示奖赏。至道三年（997），盐运使李惟清指使他人诬告刘式藐视朝廷，刘式被罢官，不久忧郁而死，终年四十九岁。宋真宗时得以昭雪，追赠礼部尚书。刘式家藏数千卷书，雅称“墨庄”。刘式死后，他的夫人陈氏召集儿子们说：“你们的父亲为官清廉，没有给你们留下田庄产业，只有几千卷书传给你们。希望你们在墨庄里勤恳耕耘，好好继承这份珍贵的祖业。”刘式的儿子们遵从母训，刻苦攻读，最后都学有所成，成了进士、举人。陈夫人也被后人尊称为“墨庄夫人”。岳飞在绍兴六年（1136）为刘氏后人书有“墨庄”二字。1173年，朱熹为此写下了《墨庄记》，以纪其美。

乾道四年秋，熹之友刘清之子澄罢官吴越，相过于潭溪之上，留语数日，相乐也。一旦，子澄拱而起立且言曰：“清之之五世祖，磨勘工部尚书太保府君，仕太宗朝佐邦计者十余年，既殁，而家无余赀，独有图书数千卷，夫人陈氏指以语诸子曰：此乃父所谓墨庄也。海陵胡公先生闻而贤之，为记其事。其后诸子及孙比三世，果皆以文章器业为时闻人。中更变乱，书散不守。清之之先君子独深念焉，节食缩衣，悉力营聚，至绍兴壬申岁，而所谓数千卷者，始复其旧。故尚书郎徐公兢、吴公说皆为大书墨庄二字，以题其藏室之扁。不幸先人弃诸孤，清之兄弟，保藏增益，仅不失坠，以至于今。然清之窃惟府君夫人与先君子之本意，岂不曰耕道而得道，仁在夫熟之而已乎？而不知者意其所谓，或出于青紫车马之间。清之不肖，诚窃病焉。愿得一言，以发明先世之本意，于以垂示子孙，丕扬道义之训，甚大惠也。”熹闻其说，则窃自计曰：“子澄之意诚美矣，然刘氏自国初为名家所与通书记事者，尽儒先长者，矧今子澄所称，又其开业传家之所自，于体为尤重。顾熹何人，乃敢以其无能之辞，度越众贤上记兹事？”于是辞谢不敢当。而子澄请之不置，既去五六年，书疏往来以十数，亦未尝不以此为言也。熹惟朋友之义有不可得而终辞者，乃紬绎子澄本语，与熹所以不敢当之意，而叙次之如此。呜呼！非祖考之贤，孰能以诗书礼乐之积，厚其子孙？非子孙之贤，孰能以仁义道德之实，光其祖考？自今以来，有过刘氏之门而问墨庄之所以名者，于此乎考之，则知其土之所出、庐之所入者在此，而不在彼矣。盖磨勘公五子皆有贤名，中子主客郎中，实生集贤学士、中书舍人。兄弟皆以文学大显于时而名后世，第四子秘书监资简严，识大体，有传于《英宗实录》。子澄之先君子即其元孙也，讳滁，字全因，官至朝奉，仕既不遭，无所见于施设，今独其承家焘后之意，于此尚可识也。生二子，长曰靖之子和；其季曰清之子澄，皆孝友廉静博学有文。而子澄与熹游，尤笃志于义理之学，所谓耕道而熟仁者，将于是乎！

乾道九年二月丙戌新安朱熹记

墨庄的精神向往让我动容。耕读传家原本是农耕民族的传统，不事稼穑何以家为？大丈夫不读书又安能立身？这样的文化传统和品质改变了中国农村，同时也让中国农村始终保持着一种向上的姿态。天宝墨庄刘氏始祖眼光和气度不凡，他把墨庄精神烙印在天宝，给这个村庄的未来抹上了动人的色彩。

据说天宝曾以“内外八景，六门十三第，四十八条巷，四十八眼井，四周竹城墙，四季马蹄香”饮誉江南，八百年过去了，保留下来的只有138幢明清时代的建筑。走进天宝，跟着导游在凹陷的青石板小巷穿行，村庄老旧，似乎破败的景象掩饰不住岁月的苍凉，然而村庄的辉煌依然可以在一幢幢褪色的建筑中寻得。

刘氏宗祠始建于明弘治七年（1494），结构为五幢一寝，堂内有石柱36根、天井24处，其中60平方米以上的天井就有4个。据说这个祠堂曾6次被毁，1941年最后一次重建，1962年天宝粮食部门将祠堂拆毁改建粮仓，1964年仅剩的祖寝被天宝中学拆毁改

· 刘氏宗祠

建学生食堂，如果这座祠堂没有被毁，该是何等堂皇。仅剩的门楼雍容典雅，门前高大威武的石狮显示着门第的尊贵。一座文化宫殿在全无意识的状态下灰飞烟灭，旷世悲情千古难寻。

赣西古建筑让我迷惑：天井用于采光，一座祠堂需要这么多天井吗？走进赣西古民居，对于天井我才刚刚有了认识。民居内左右厢房是一个个小院，每个小院都有一个天井采光。一个小院就是一家人，一幢房屋就是一大家子。阁楼上住着“不用拣”的天宝女子，如果她中意哪位郎君，就从楼上抛下绣球。这种建筑样式，与我在江西其他地方看到的差别较大，其中蕴含的文化也非常丰富，这种建筑本身强调家族的整体精神，凸显家族的凝聚力。我想，在赣西文化内核中是否包含着湖湘文化的特征？

· 天宝民居——东厢房又是一个世界

天宝的意象跟随我的脚步徐徐展开。村西头的宝书楼上有一副楹联："绿野有秋皆稼穑，青灯无夜不诗书。"可以想象这个村庄曾经的景象：寒窗苦读，赴京赶考，金榜题名，衣锦还乡。四季公祠窗棂上的四幅雕刻，或许算不上天宝古建中的精品，可每一幅图景都栩栩如生，指向明确，似乎那低头舔脚的马都懂主人的意思。这座墨庄房下一支祠由刘季铭、刘季昭、刘季华、刘季荣四兄弟倡建，宽16米，进深65米，气势雄伟。四兄弟当年赴京赶考有三人高中，兄弟同科更是何等炫目。在这个祠堂，我看到了被当地人称为"印把"的天井。天井别具一格，似乎并不存水，雨水落下来从石头底下悄悄流走。条石排列成的印把子顺着进入祠堂的方向摆放，有一种威严撼动心灵。祠堂深处是安放祖先灵

· 天宝意象

位的所在，也称祖寝。上去祭拜祖先需要经过一个意境的启蒙，护栏天井中间铺砌五步梯，步步高升的寓意撞击着心灵。跪拜祖先，抬头燃烛，头顶藻井宛如一顶官帽，此刻骤然落在自己头上。

村庄的梦想铺陈在建筑的每一处细节，心灵的声音回响在祠堂的每一个角落。似乎是一个精心编织的故事，一代代人接受着它的洗礼，一个个人在宗族的氛围中成长，而村庄的高度也一次次得到提升。

美丽的鸦溪河没有枯竭，终年不息从村前流过，后龙山林海绵延，俨然是天地自然的福佑。墨庄刘氏人才辈出，明清两朝150

多人考中举人，其中22人高中进士。历史上江西乡试无刘不开科，而这个刘专指天宝墨庄刘氏。据说刘秉忠、刘伯温两位半人半仙的人物祖籍都是天宝。刘秉忠（1216—1274）是元朝杰出政治家，曾隐居于武安山中，被天宁寺虚照禅师收为徒弟，后云游云中，留居南堂寺。元世祖即位之前，海云禅师奉召，路过云中时邀其同行，得到元世祖赏识。至元八年（1271），刘秉忠建议忽必烈取《易经》“大哉乾元”之意，将蒙古更名为“大元”，忽必烈采纳了这个建议，从此中国历史上有了元王朝。刘秉忠主持修造元大都，至元十一年（1274）正月，元大都的宫阙建成。刘秉忠还为皇帝制定官制、朝见皇帝礼节、百官的服饰及俸禄等。至元十一年八月，刘秉忠无疾而终，享年五十九岁。而刘伯温更是家喻户晓的人物，他辅佐朱元璋打天下，建立了明朝。如果这两位皆出自墨庄一脉，恐怕天宝当数天下第一村。

实际上，就算没这两位，也依然挡不住天宝的光辉。明清两朝通过科举走上仕途的墨庄刘氏，很多是清廉能干、卓有政声的能吏。明朝刘体道官至刑部郎中，张居正想与他结盟，他宁可降职离京去苏州做判官，也不肯与张居正合作；湖广道监察御史刘学诗因拒绝魏忠贤拉拢，称病辞官回到故乡。清朝南阳知府刘拱宸被誉为“中国第一流人物”；广西桂平知县刘之英在任上致力于推广小麦种植，赢得百姓立祠祭祀，如今广西还有农民把小麦称为“刘公麦”；湘潭知县刘如玉与曾国藩终生相知，并被曾国藩盛赞为“大似王守仁、吕司寇”，却终生婉拒加盟曾氏。广西富阳知县刘钦邻坚拒吴三桂拉拢，被捕入狱，以身殉职，王士祯在《渔洋诗话》中记载了这段历史，电视剧《康熙大帝》也将刘钦邻的形象搬上了荧屏。

天宝走出来的官员群体很大，虽然官都做得不大，最大的官不过刑部郎中，但这些官员的节义风采光彩夺目。天宝现象不是赣西的文化个案，宋朝赣中庐陵“五忠一节”深刻地影响了江西。

义宁陈家大屋

踏进江州的土地，我一脚跨进了修水。

江州是古代九江的称谓，修水是黄庭坚的故乡。黄庭坚是著名诗人、书法家，也是江西诗派的领袖，与苏东坡齐名。然而，我去修水探访的不是黄庭坚的故乡，而是清末湖南巡抚陈宝箴的故乡。据说陈宝箴的故居陈家大屋是修水保留最好的老建筑，包括黄庭坚故居等，已经看不到先前的些许影子。修水是人口大县，养育了北宋“四大才子”之一的黄庭坚，却没能留下多少老的建筑，的确让人疑惑。也许赣西北这块土地饱含着迁徙的痛苦？一般而言，迁徙伴随着重建和荒芜，人类常常是在这样的折腾中捣毁自己的记忆。

陈家大屋坐落在一个名叫桃里的山坳里。早晨出发前，我特意去修水老县城参观了五杰广场。广场不大，五根汉白玉柱子顶天立地，柱子上刻着陈宝箴、陈三立、陈衡恪、陈寅恪、陈封怀四代五个人的画像，并简要记录了他们的生平。天下着小雨，晨雾蒙蒙，我看不太真切，但是我站在这高耸的柱子下面，感到了这块土地带给我的惊羡。《辞海》，一部中华大词典载有陈氏五杰中的四位，剩下的陈封怀同样大名鼎鼎，他号称“中国植物园之父”，也许不久的将来也将载入《辞海》。这样一个家族江州独有，全国或许也不会太多吧？

· 义宁五杰广场

修水是名副其实的山区。离开县城，车立马穿行在乡村很窄的水泥路上。到了地儿，雨下得更大，车停在写着“江西省文物保护单位”、砖块垒砌的碑前。我打着伞，看碑上记录。环顾四周，是一块很小的盆地，房屋依着山脚依次而建，陈家大屋立在道路的右边，山上林子很密，绿荫遮蔽下的陈家大屋古风盎然。

其实陈家大屋并不大。房屋是江西典型的四水归堂式建筑，算不上堂皇。建筑外观不加修饰，翘角处装饰一根细长的凤尾。屋里边以天井分隔，上下两边分别是两间厢房，内墙的黄土和竹片是用石灰、糯米搅拌夯实的，与一般的三合土有所不同。经年已久，竹片裸露在外，显得十分简陋。这幢老宅子分为新旧两套，左边是陈宝箴祖父所建，右边系陈宝箴中举入仕后扩建。大屋前竖立着一对旗杆石和一对旗石墩，旗杆石是陈宝箴中举后所立，旗石墩是陈三立中进士后所立。

· 陈家大屋

· 陈家大屋中堂

· 旗杆石

· 陈宝箴、陈三立故居

修水古称义宁，修水陈氏因此又称义宁陈。实际上，义宁陈源于德安义门陈。公元731年，江州牧陈旺携子孙迁于德安艾草坪建庄，此后332年不分家，创立了“八百头牛耕日月，三千灯火读文章”的乌托邦社会，唐僖宗感其义聚一堂，旌表御封义门陈氏。公元1062年（嘉祐七年），宋仁宗下旨，义门陈氏分家，聚族三千分成291庄，迁往全国18省72州郡，故有“天下陈氏出义门”之说。

我试图穿越古老的江州大地，去寻访当年那个具有高度文明的大家族。然而，德安义门陈只有历史，却没有了村庄。过去义门陈的繁衍之地人口稀少，据说抗战时万家岭战场就设在这一带，人们为躲避战争而迁徙，房屋大概也是那会儿被毁的。我看到的是海内外义门陈子孙捐建的一处纪念性园林，主要建筑包括旌表台和义门陈博物馆。进园后见一块石头上书写着“天下第一家”，系北宋至道二年秘阁内侍裴愈题赠。两边的立柱上书写着一副楹联：“聚族三千口天下第一，同居五百年世上无双。”在义门陈展厅，我看到了不同朝代的多位皇帝的旌表，这些象征家族荣耀的稀罕物件，无一不在向我诉说这个家族曾经的兴旺。

· 义门陈赋

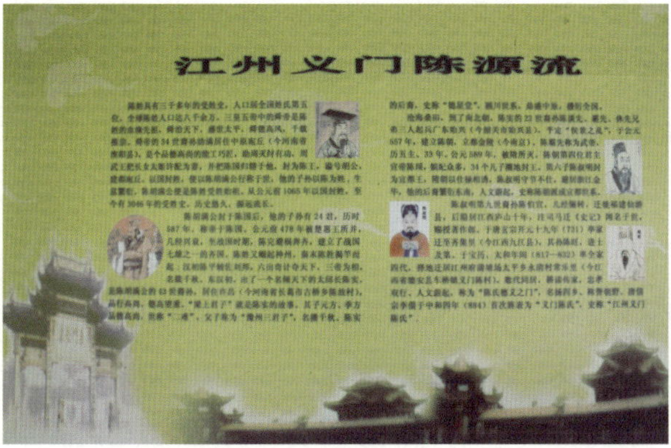

·江州义门陈源流

·义门陈园林

一千多年前的乌托邦社会为世界最早，然而它只存续了几百年。历史发展充满玄妙，让我无限感慨的是，当年唐僖宗表彰义门陈，是因为那时候陈氏人口还不算太多，而陈氏所代表的乡村治理成本最低、效率最高。宋仁宗下令分家，是因为此时陈氏人口规模过大，如不遏制，足以威胁皇权。一个望族土崩瓦解，当年义门陈分家，修水这一支被分到了福建，数百年后，随西迁的队伍回到江州老家，落户修水。

陈家大屋如今空置，日常看管交由住在旁边的一位陈门女婿。从陈家大屋出来，我似乎并不满足。说实话，这座建筑并未带给我太多视觉上的冲击，而对于义宁陈的历史，我依然相当模糊，朋友送我的《义宁陈氏五杰》还来不及翻阅。我有意走进旁边的陈门女婿家，没想到这位陈门女婿不仅热情，而且对义宁陈氏的历史相当了解。我随他重回陈家大屋，坐在前厅，他向我滔滔不绝地讲述陈氏的历史。这个意外的收获让我满心欢喜。而更让我惊讶的是，陈氏家族的发展，竟然让我从社会学的角度找到了底层发展的另一种路径。

义宁陈氏先祖定居修水后，“结棚栖身，种蓝草为业”。蓝草是一种植物染料，经济效益比水稻好。短短六十年内，义宁陈氏告别了棚民时代，1730年建起了陈家大屋，取名“凤竹堂”。族谱中诗云：“凤竹堂开哕凤凰，山明水秀映缥缃。天生文笔窗前峙，地展芝华宅后藏。俎豆千秋绵祀典，儿孙百代绍书香。应知珍重迁居处，冠盖蝉联耀祖堂。”有了这座居所，陈氏开始了耕读时代；六十年后随着陈宝箴中举，陈氏迎来了官宦时代。巧的是，又过了六十年，到陈宝箴逝世，陈氏开启了崭新的文化时代，从此陈家大屋叶脉繁盛。六十年完成一部乐章，一百八十年塑造崇高。陈氏家族的发展史，洞见中国社会家族式繁衍的逻辑。

毫无疑问，陈宝箴是义宁陈繁衍史上一位关键人物。戊戌变法后，陈宝箴、陈三立父子受到惩处，上谕："湖南巡抚陈宝箴，以封疆大吏滥保匪人，实属有负委任。陈宝箴着即行革职，永不叙用。伊子吏部主事陈三立，招引奸邪，着一并革职。"1898年（光绪二十四年）冬天，陈宝箴携家眷，扶着夫人黄淑贞的灵柩，离开湖南迁往江西。让人匪夷所思的是，陈宝箴没有回修水，而是回到南昌，在西山安葬了夫人，并在墓旁筑室居住，取名"崝庐"。自署门联："天恩与松菊，人境似蓬瀛。"从此，陈宝箴足不出户，"独往往深夜孤灯，父子相语，仰屋欷歔而已"。1900年7月22日（农历六月二十六日），陈宝箴以微疾终。

关于陈宝箴，《清史稿·陈宝箴传》记载："宝箴思以一隅致富强，为东南倡，先后设电信，置小轮，建制造枪弹厂，又立保卫局、南学会、时务学堂，延梁启超主湘学，湘俗大变。……上皆嘉纳，敕令持定见，毋为浮言动，并特旨褒励之。"曾国藩评价他："议事有陈同甫气，所居在黄山谷乡。万户春风为子寿，半瓶浊酒待君温。"康有为评价说："师师陈义宁，抚楚救黎烝。变法与民权，新政百务兴。"《辞海》"陈宝箴"条目里，称他是"清末维新派"。

陈宝箴（1831—1900），谱名陈观善，字相真、右铭，晚年自号四觉老人，江西义宁（今江西修水县）客家人，晚清维新派政治家。1851年乡试中举人而出仕，文才、韬略和办事能力深为两江总督曾国藩所赏识。先后任浙江及湖北按察使、直隶布政使、兵部侍郎、湖南巡抚，时与许仙屏号为“江西二雄”。1895年，在湖南巡抚任内与按察使黄遵宪、学政江标等办新政，开办时务学堂，设矿务、轮船、电报及制造公司，刊《湘学报》，被光绪帝称为“新政重臣”，系清末著名维新派骨干，地方督抚中唯一倾向维新变法的实权派风云人物。后受到湖南守旧派王先谦、叶德辉的攻讦。光绪二十四年（1898）戊戌政变爆发，百日维新宣告失败，陈宝箴以“滥保匪人”被罢黜。光绪二十六年（1900）六月二十六日去世。

在陈氏家族中，我最感兴趣、最钦佩的人是陈寅恪。这位传奇的国学大师，知识极其渊博，可一生没有获得过一张文凭。岳南先生在《南渡北归》一书中如是记载：

国学研究院既开，仅王、梁二位导师显然不足以应付各科学业，于是，清华教务长张彭春积极荐举与他同期留美、时年三十四岁、才华超群、号称“汉语言学之父”的哈佛博士赵元任前来任教。曹校长闻知，欣然同意，立即发电聘请。身为国学研究院主任的吴宓，一看张彭春荐了自己的同学，也不失时机地向校长曹云祥强力推荐自己在哈佛读书时的同学，时正在德国柏林大学研究院攻读的史学奇才、三十七岁的陈寅恪前来清华担当导师之职。经过吴宓的力荐与梁启超、王国维的共同用力，曹校长在反复权衡之下，终于同意，并由吴宓电请陈寅恪归国就聘。——这就是当年令天下学界为之震动，被后世广为流传并影响深远的清华国学研究院“四大导师”。

清华校方为聘请“四大导师”任教，可谓不遗余力，其中一个被后世广为称道的鲜明特点是，重视真才实学，不慕虚名，不轻信文凭。在“四大”之中，只有赵元任一人怀揣美国哈佛大学博士学位证书，而王、梁、陈三位均无博士、硕士头衔，较为年轻的陈寅恪连个学士学位也未拿到。梁启超的“文学博士”称号，则是他到清华国学研究院任教之后由美国耶鲁大学赠予的。尽管头上没有金光闪闪的博士帽子，但三位却学贯中西，堪称当之无愧的学术大师。陈寅恪放洋十几载，于哈佛、柏林等美国、欧洲名校转过一遍，终未能揣一张博士文凭回来，完全是为求知而读书。当年在哈佛大学读书的中国学子，陈寅恪、吴宓、汤用彤三人被誉为“哈佛三杰”，风头强健，为同辈所瞩目。而陈寅恪更是人中之龙，其学问之广博精深，已达到了出神入化的奇境，为学术界推崇备至。

其实，陈氏第二代中，陈三立也是一位十分了得的人物，在官场他或许不如其父幸运，他的短暂而充满悲情的官宦生涯令人叹惋，因为戊戌政变而遭罢黜且永不叙用，从此“凭栏一片风云气，来作神州袖手人”。他是一位卓越的诗人。钱锺书说，唐以后的大诗人可以用一个地理词语来概括，叫“陵谷山原”。陵自然是杜少陵，谷便是黄山谷，山是李义山，而原即陈散原。“平生无可了，只有泪纵横。千山压人去，处处杜鹃声。”（《别墓》）“昨宵江上雨，明灭在湖台。众绿浮山动，飘红映水回。云低盘燕羽，日细暖鱼腮。挂梦钟楼外，匡君识酒杯。”（《九江烟雨亭》）《辞海》“陈三立”条目中注“为同光体魁杰之一”。同光体是活动在清末和辛亥革命后一段时期的一个诗派。或许正是陈三立的原因，让这个家族洗尽官僚气息，厚植文化意蕴。

陈三立（1852—1937），字伯严，号散原，江西义宁（今修水）人，近代同光体诗派重要代表人物。为晚清维新派名臣陈宝箴长子，国学大师与历史学家陈寅恪、著名画家陈衡恪之父。与谭延闿、谭嗣同并称“湖湘三公子”，与湖北巡抚谭继洵之子谭嗣同、陕甘总督陶模之子陶葆廉、广东水师提督吴长庆之子吴保初并称“维新四公子”，有“中国最后一位传统诗人”之誉。1882年（光绪八年）乡试中举，1889年考中进士，历任吏部行走、主事。1898年戊戌政变后，与父亲陈宝箴一起被革职。1937年“卢沟桥事变”后，北平、天津相继沦陷，日军欲招致陈三立，陈三立为表明立场绝食五日，不幸忧愤而死，享年八十五岁。

陈家大屋中堂的墙壁上挂着陈宝箴、陈三立、陈衡恪、陈寅恪、陈封怀五杰的瓷像，给这座老宅子掺入一种深沉和旷远的韵味。在陈家大屋，修水的朋友跟我说，画家、诗人、教授、陈氏子孙陈云君第一次回陈家大屋，上身着红衣衫，下身穿花短裤，手执文明杖，一副玩世不恭的样子。问他是否带些香烛，他满不在乎。到了陈家大屋，陈云君突然提出要祭祖，需要买些香烛来。在祖宗牌位前，陈云君表情肃穆，双膝跪地。

听完朋友的讲述，我说，灵魂的居所充满神性。

消失的东园

东园，定格了一代诗宗、廉吏杨万里的最后归宿。

我每次去杨万里的故乡吉水湴塘都要寻找东园。它在哪儿呢？“好园还在屋东边”，可这屋又在哪里呢？八百年过去，谁也说不出东园的准确位置，东园消失了，连同杨万里的居所。但是我知道，杨万里不会消失，这一处园子里永远居住着他的灵魂。

· 杨万里汉白玉雕像

· 湴塘古民居

东园不大，与其说是园，还不如说是杨万里家的院子。东园初成，杨万里满心欢喜，作《三三径》以示庆贺。序云：东园新开九径，江梅、海棠、桃、李、橘、杏、红梅、碧桃、芙蓉九种花木，各植一径，命曰三三径。诗云：三径初开自蒋卿，再开三径是渊明。诚斋奄有三三径，一径花开一径行。

绍熙三年（1192）九月，杨万里回到湴塘，开始了他的退休生活。他是诗人，梦想有一处园子，在园子里散步赋诗。好友陆游的园子很大，范成大的园子也不小，杨万里没有园子，家中唯有一处老屋。他是廉吏，徐玑曾赠诗赞说："清得门如水，贫惟带有金。"卸任江东副使告别官场时，杨万里原本可以拥有一笔财富，这笔财富来自各州县和驻军按常规送上的礼金，共计万缗。虽然这笔钱不在制度规定的收入范围，但在南宋，不仅官场上习以为常，皇帝也能认可。杨万里高洁，临走时吩咐判官将这笔钱充了军费。回到老家，杨万里开始拾掇老屋，第二年自辟东园，垒假山，凿小池，种花草。在另一首题为《癸丑正月新开东园》的诗作中，杨万里如是告白："长恨无钱买好园，好园还在屋东边。周遭旋辟三三径，只怕芒鞋却费钱。"同乡好友周必大来访，与之唱和："杨监全胜贺监家，赐湖岂比赐书华。四环自劚三三径，顷刻常开七七花。门外有田聊伏腊，望中无处不烟霞。却惭下客非摩诘，无画无诗只谩夸。"

从绍熙三年（1192）九月至开禧二年（1206）五月，杨万里在老家湴塘度过了十余年的退休生活。此间，东园给予他的以及他赋予东园的，让这块小小的天地名满南宋。不知为什么，对这位老人，朝廷始终不肯忘记。史料记载：庆元元年（1195）召赴行在，力辞；庆元二年（1196）上《陈乞引年致仕状》；庆元三年

・杨万里墓

（1197）再次请求“许臣守本官致仕”；庆元四年（1198）正月，进封吉水县开国子，食邑五百户，授太中大夫……直至开禧元年（1205），朝廷仍有召赴，杨万里复辞。开禧二年（1206）二月，朝廷最后封赏这位行将就木的老人宝谟阁学士。可惜没有等到朝廷封赏的圣旨，五月初八，杨万里在他的居所悄然辞世。

细读这一段史料，我的内心充满了惊讶和敬仰。惊讶的是，小小东园竟然给了杨万里如此大的定力；敬仰的是，一个置身官场三十多年的人，最终还是一个纯粹的诗人。

庆元元年（1195）召赴行在，力辞。九月，升焕章阁待制，提举江州太平兴国宫。以后杨万里屡次请求彻底退休，不要虚衔。

庆元二年（1196）上《陈乞引年致仕状》：“臣闻在法命官，七十致仕……臣合于今年正月，陈乞致仕；盖缘去年十二月初日方告拜圣恩次对祠之命，未敢遽有陈请。”

庆元三年（1197）再次请求：“今则臣七十有一，久病之后，血气愈衰，耳目全无聪明，手足全然缓弱，饮食减损，举动艰难，疾苦无聊，伏枕待尽，欲望圣慈曲垂天听，悯臣废疾之久……许臣守本官致仕。”

庆元四年（1198）正月，又进封吉水县开国子，食邑五百户。又授太中大夫。

庆元五年（1199）三月，进封宝文阁待制，致仕。《辞免转一官仍除宝文阁待制致仕奏状》：“臣昨于庆元二年六月内具状陈乞引年致仕，奉圣旨不允；至三年七月再伸前请，俟命两年，于今月初四日，伏准省札，以臣三存乞引年致仕，二月十七日，三省同奉圣旨，与臣转一官除宝文阁待制致仕者，臣闻命欢喜，省躬震惊。”

庆元六年（1200）十二月，进封吉水县开国伯。

嘉泰三年（1203）八月，诏进宝谟阁直学士，给赐衣带。

嘉泰四年（1204）正月，进封庐陵郡开国侯，加食邑三百户。

开禧元年（1205），召赴行在，复辞。《辞免召赴行在奏状》：“臣于九月二十一日伏准省札，九月二日奉圣旨，杨万里召赴行在者……伏念臣齿几八十，灾亦频年。伏自去秋，偶婴淋疾，当平居则似乎无事，遇发作则痛不可堪，惨毒甚于割烹，呻吟达于邻曲……欲望圣慈矜怜追寝召命，令臣仍旧官职致仕。”

开禧二年（1206）二月，升宝谟阁学士。五月八日，卒。

公元1200年，长子杨长孺任南昌知县，他给父亲写信，准备接父母去南昌奉养。两天后杨万里给儿子回信，陈述不去的理由。在这封《与南昌长孺家书》的普通家信里，我读到了杨万里的朴实和高洁，他只愿儿子好好做清官，而不愿给儿子增加些许负担和麻烦。“接天莲叶无穷碧，映日荷花别样红”，如此诗境恰如杨万里的人生境界。或许只有纯粹的人才配谈信仰。

今月初五日，诚斋老人得大儿南昌令长孺家书，并送至大帅报书。今口占，令幼舆秉笔书之，以告汝曰：

章允至，得汝书。知汝一室长幼安平，二老甚喜。又盥手披读大帅书词，益喜。汝辞行时，谓吾有三子，中男次公去年最先出仕，今长孺又出仕，次第十月，小男幼舆又出仕，恐吾索居无聊，欲迎侍二老就养官寺。善，如汝之请也。

然吾平生寡与，初仕赣掾，庀职一月，有所不乐，欲弃官去，先太中怒挞焉，乃止。后三立朝，三弃官；至江东漕，遂永弃官，是时吾年六十六耳。若曰几案吏道，犹可以勉而行也。然决焉舍去，还家待尽。至七十而纳禄，三请而得俞。汝视我平生之出，此心乐否也？

今汝之请，父子之至情，岂不欲相聚之乐？然一出如移山之难，则亦吒然阳应曰“诺”而已。汝以为我真从汝乎？今不知此声奚自而彻于大帅之听乎？大帅报书之中，谓我若肯来，豫章之草木鱼鸟，皆有喜色。汝书中有传大帅面命之词，谓吾若肯来，则西山、南浦，皆有光华。又有传大帅之意者，许以廪人之继粟，许以客右之殊礼，许以楼船之浮家。吾老弃山林，每谓一生罕逢特达之知己如古人者，乃今忽有之，汝知吾此时之心乐否也？即与汝母谋，只俟幼舆之官澧浦之后，戒行李，卜吉日，遣人前期，白大帅假舟楫矣。

既而取汝家书旋观之，则有不可者。汝书有“今日作县，真不可为”之词，又有“穷空煎熬，入寡出多”之词，又有“最苦最苦，千悔万悔”之词，又有“雩禜不应，原田尽槁。催科之考，定入下下”之词。今有人尝犯风涛而屡见险者，幸而舍舟登岸矣，入山而居、入林而安矣，一日偶游江皋、河滨，复见有一叶之舟，掀舞于冲风骇浪之中，有不掩目而走、悸心而归者乎？今大帅招我以恩书，待我以殊遇，而乃闻汝之言如此，有以异于登岸之人见一叶之危乎？盖家馈我而我不餐，问我而我不应，自此三数日而不宁也。闻其言且然，若遂翩然而东下，就汝而与居，日夕见汝之煎熬，坐卧见汝之愁苦，汝谓我心乐否也？

吾幸而归来九年，优优其休，坦坦其游，进不羡伊、周，退不羡巢、由。汝今移汝之煎熬为吾之煎熬，嫁汝之愁苦为吾之愁苦，而乃愁酒以寿我，愁饭以饴我，愁容愁声以侑我，而曰“此参之养志，贾之击鲜也”，汝谓我心乐否也？汝欲我一报果来之期，将以白大帅。吾是以艰于此执也。

《易》曰：“安其身而后动。”盖不有所安不可以动，不有所不去不可以来。今使汝母不来而吾独来乎？不可也。今使吾遽与汝母偕来乎？不可也。今使吾暂来而忽去乎？不可也。汝将奚以为吾虑乎哉？汝欲别凿一门，与汝异户而出，固善矣。然自西而北，复自北而南，复自南而东，亦恐反勤两司车骑之迂远，仍恐煎棘除道之劳费也。如之何？果来之问，汝更精思之，熟计之。汝有以报我，而后我有以报汝也。然大帅知我甚深，爱我甚勤，招我甚虔，终当一往以答此恩意，今未可耳。九月七日。吾付长孺。

湴塘光绪版《忠节杨氏总谱·湴塘延宗公派总图》载："长孺，行八二，一名寿仁，字伯子，号东山，晚号农圃老子，淳熙四年（1177）丁酉以书经举于乡试，赏修职郎、永州零陵簿，累迁直秘阁、出为广东经略安抚使，官至敷文阁学士加集英殿修撰、尚书、守中大夫、庐陵郡开国侯、食邑一千户，谥文惠。"杨长孺以清廉爱民闻名于史，任湖州知州，抨击权贵，打压豪绅；任广州知州，代民交租。《江西通志》《广东通志》《浙江通志》《福建通志》《南昌县志》等均有其传，后人称赞他"门风不坠，可敬可师"。

其实，杨万里一生大部分时光在湴塘度过，从二十八岁进士第到六十六岁致仕回家，这三十八年里也有将近一半的时间"待次"在家。家是什么？家是心灵的居所，家是发酵梦想的温床，无论贫富贵贱，家在诗人的心里永远是温馨的港湾。"千万重山见复遮，两三点雨直还斜。行穿锦巷入雪巷，看尽桃花到李花。"嘉泰元年（1201）正月十一日，东园桃李盛开，七十四岁的杨万里陶醉于故乡的初春。

· 南溪廊桥

如诗一般的画卷，让我想象当年赣州司户初入官场的天真和执拗，与通判一番争执，一气之下竟挂冠而去。如果不是父亲痛斥，如果不是太守宽容，杨万里一生或许如他的精神之父泸溪先生一样，成为家乡的一片闲云、一只野鹤。

杨万里出身名门，可他是穷人家的孩子。公元1127年，北宋灭亡，南宋建立。杨万里出生在这一年，谁也不会想这个与南宋一起诞生的小生命预示什么，这一年出生的人多着呢！两年后，杨万里本族爷爷杨邦乂为风雨飘摇的南宋献上了一颗正义的头颅。国运衰微，杨家贫困，八岁那年母亲去世，父亲杨芾带着他在自己教书的私塾读书。一个乡村老师的收入微薄，杨万里曾回忆童年："我少也贱，无庐于乡。流离之悲，我岂无肠？""啼饥如不闻，饥惯自不啼。"然而父亲杨芾并不简单，《宋史·毛洵传》附《杨芾传》：有杨芾者，亦同县人，字文卿，性至孝，归必市酒肉以奉二亲，未尝及妻子。绍兴五年大饥，为亲负米百里外，遇盗夺之不与，盗欲兵之，芾恸哭曰："吾为亲负米，不食三日矣。幸哀我！"盗义而释之。至孝之人安无至孝之子？在吉安这片文章节义的土地上，追寻杨万里的轨迹，我看到了其父杨芾，秀才高守道，进士王庭珪、刘廷直、刘安世、刘才邵、胡铨、周必大等吉安才俊，他们的精神信仰何其高洁。

零陵县丞任上，杨万里结识了前宰相张浚。这位声名显赫的抗金领袖谪居永州已整整十年，他勉励杨万里"正心诚意"、守住圣贤的天理人道，而成为杨万里又一位精神之父。这一年他三十六岁，焚诗二千首，诀别江西诗，独创诚斋体，终成一代诗宗。

品读杨万里，我需要读懂他诀别江西诗和独创诚斋体的坚毅。诗心养官品，在零陵县丞任上，杨万里每年都要跑遍全县视察民情和丰歉。“不著官人宿，无如野店何。见容幸有此，虽陋更嫌佗？头虱妨归梦，邻鸡伴寤歌。此生眠食尔，行路总蹉跎。”古代官员竟有如此作风，难怪零陵百姓凑钱为他建造生祠，年年奉祀如仪。以杨万里之低微地位能获得如此殊荣，在中国历史上并不多见。公元1170年（乾道六年），杨万里上任奉新知县。奉新是个麻烦的地方，前五任不满任期都遭罢官，杨万里简约为官，成功处理了税案，赢得了百姓的信赖。“吾来官下未多时，梅已黄深李绿肥。只怪南风吹紫雪，不知屋角楝花飞。”此时的杨万里踌躇满志，奉新为官虽短，百姓却铭记其功德，为他再造生祠。

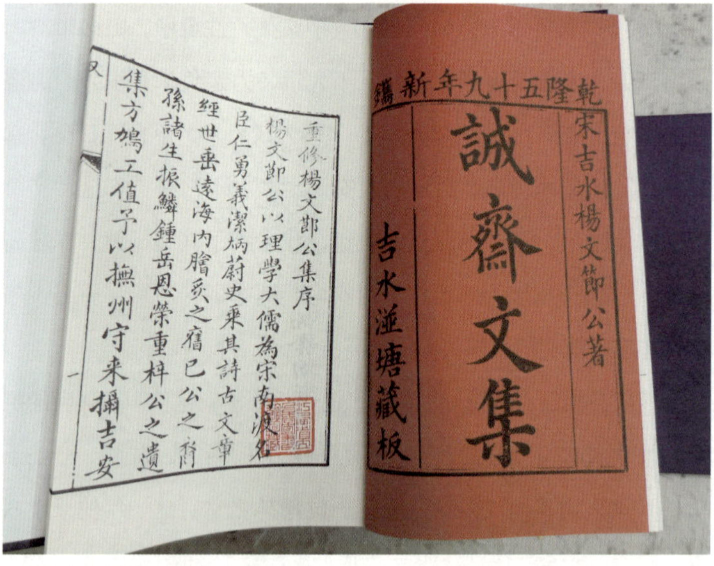

·清乾隆家刻版《诚斋文集》

生祠不在，可史册皇皇，光照千秋。

庐陵古村多，在庐陵的土地上寻找名人的居所却无可能。“五忠一节”中，祖籍永丰的欧阳修目前仅余欧阳勇为唯一嫡裔，已无村庄。胡铨半生流放，致仕回乡后在青原山筑庐而居，子孙四处迁徙，原籍值夏道院已无村庄。周必大致仕后居住在永和圩镇，同族所居住的赣江边的村落十分破败。文天祥被捕后，族人到处迁徙，留在富田的村庄规模很小，老旧的痕迹不多。吉水县城东门解家本是望族，解缙罢官后，家族迁往辽东，至明成化年间罗洪先等乡党奏请皇上恩准，为解缙平反，家族后人方得以回乡，但人丁散落，分崩离析。所幸杨邦乂、杨万里的家乡完整，人丁兴旺。

致力于地方文化研究的刘宗彬先生认为，古代庐陵官员鲜有豪宅，而其缘由多半是修不起豪宅，这是节义廉洁的代价。刘先生的观点在我的内心引起共鸣。

第三章／乡愁的模样

乡愁是建筑上的一种意象，或是一种紧密、一种缠绕，或是一个圆、一个围。当它静止时，即是一种模样；当它灵动时，便是活跃在心头的乡愁。

严台有约

严台是一个最能让人记住的村庄，它处在赣徽边陲，像一位历史老人静静地蛰伏在江西东北角。

一千八百年前，一位叫庄光的名士，为远离政治纷扰而改名严光，从千里之外的富春江畔举家迁徙于此，开始过起耕读垂钓的隐居生活。从此，这个僻静之所得名严溪。公元1201年，江姓入主严溪，很快成为这一带的望族。因仰慕严光高洁，改村名为严台。

早春三月，浮梁的朋友领我去严台，其中一位姓江的年轻人就是严台人，现在县政府机关工作。一路上，小江告诉我，他经常利用休息时间回村庄看望父母，收获、采摘时更要回村庄帮助父母。小江认为，若以金钱衡量土地的产出，的确微不足道，有价值的却是劳动本身。从浮梁到严台一个多小时的路程，不知不觉中，我对这个年轻人已然有了好感。

到村口的时候，小江问我，走哪条道进村？我环顾四周，严台处在一条东西走向的山谷中，东是谷底，西为谷口，南北两山富春山和武云山，与厚实的村墙合抱着这个村庄，只有一个小门可进入村庄。清澈的严溪自北向南在村前流过，弯弯曲曲向西流去。两条路横在我面前：一条是捷径，从横跨严溪的水泥桥走过可直达村门；另一条是古道，顺着溯溪而上的青石板绕一圈儿方可抵达村门。我们走的是古道。这条路应是辟村时所建，之所以绕个圈儿，明显是出于防御的需要，然而客观上造就了这一处居所极尽雅致。单孔石拱桥上建有廊亭，廊桥尽头立了一块石碑，落款标记的时间是明弘治十五年（1502），碑上刻有《富春桥记》。诗云：“万丈绦系百丈台，千金难买此中来。冰轮清浸湘江晓，静影光浮活水回。”或许这桥在更长的时空中是一座独木桥，然而往来的人们心里懂得，严台这地儿山也“富春”，桥也“富春”，充满了严光浙江老家的气息。

· 严台富春桥

·严台村门

据说这里曾是严光垂钓的地方。《后汉书·严光传》记载，严光，字子陵，浙江余姚人，本姓庄，少时曾与刘秀同学。刘秀做了皇帝，严光改变姓名，隐居不出，披羊裘钓于泽中。北宋名臣范仲淹被贬富春江上游的严州做太守，在《富春江县志》里看到严光的事迹，又从荒草丛中读到严光的墓志铭，吊古伤今，痛哭流涕。于是，“捐俸银，募资财”，在钓鱼台旁边建造祠堂祭祀严光，并写下《严先生祠堂记》，深情歌颂：“云山苍苍，江水泱泱；先生之风，山高水长。”南宋著名诗人杨万里读了《严光传》之后，赋诗曰：“客星何补汉中兴？空有清风冷似冰。早遣阿瞒移汉鼎，人间何处有严陵？”同样的故事没能让杨万里动容，以杨万里的眼光，严光隐居不过留下一个清高的空名罢了。政治家对历史人物的看法，其实也渗透了个人的喜好和情愫，我可以不去管它，我只知道，这桥留在了我心里。在小江心里，这桥或许早已是记忆故乡的符号了。

沿着严溪河边的青石板古道朝村门走，北山的参天古木以一种不可抗拒的诱惑吸引着我。村门之上一对银杏树高三四十米，浓荫遮蔽了村门。小江说树龄已有八百年。在江南银杏并不少见，但如此大的树我还是第一次看到。银杏树又名白果树，也叫公孙树，俗名鸭脚树，它开花是夜间的一瞬间，人们很难看到，果实味甘苦涩湿润，熟食温肺益气，祛痰平喘，素来是进贡朝廷的珍品。诗云：“前山银杏立村沿，苍樟翠竹护两边。远看群山相拥抱，近观众宅互牵连。木质坚细而珍贵，果实祛痰且益年。”

古木是村庄年代久远的象征，严台古木不仅数量多，而且种类繁多，红豆杉、银杏、樟、枫、黄檀、大叶青冈等名贵树，给古村增添了无限秀色。“借问植君何代祖，分明即我合一公。”江姓入主严台时，江合一还是个娃娃。长大后，他迷恋植树，似乎在他心里，只有这树可以延长他的生命。前人栽树，后人得福。这树上沐天露灵气，下收地肥琼浆，充满神性，令人敬畏，如此神性的灵物更具乡愁的品质。

进村的门很窄，只容得下板车通过，青石门框上嵌着一块匾额，题写着“严溪锁月”四个字，似乎天上的月光照进来便出不去了。站在村口往里面看，便想冲进去探个究竟。小江引导我们在窄窄的小巷穿行，路下是深溪唱响哗哗清流，石头镶嵌的码头只容得下一个人小心上下。严台的街巷多建于明初，全部由青石板、细石片铺砌而成。主要的街道村里人称“股”，虽然只有两条，但是巷套巷，弄转弄，初次进村，如入迷宫。小江说，沿武

· 严台古巷

云山脚还有一条傍山石板小巷，叫老虎弄，也叫阴街，非常隐蔽，平时很少有人行走，没有人知道到底作何用处。一股街上有一段路面宽、铺设规范的石板路，当地人称为“花街上”，据说当年种有多种名花，是一个热闹去处。

村内保留有徽派古民居140多幢。这些建筑采用天井布局，即山墙、大门、左右厢房和前厅共同构成一个方形空间。其建筑样式包括四合屋、三间穿堂式、明三间等几种。其中以明三间结构的房屋居多，有50幢。这种结构的房屋三间朝天井露明，一厅两房，两层阁楼，楼梯设在厅堂照壁后面。由于开间与深度尺度基本相同，平面呈方形，外以高墙封闭，形似一颗金印。细部装饰有精美的砖雕、木雕和石雕，正对面的山墙均绘有壁画，屋子的大门在山墙左边，顶上是阁楼，左右两边是厢房，厢房和前厅的隔断一般是木雕花窗，后面是照壁，一般悬挂祖先画像或山水画，置一条台，祭祖时摆放香炉和供品。照壁的左右各有一偏门连接后厅，通向厨房、库房，偏门上方有月梁，形似弯月，刻有人物图案。天井的地面有地漏接暗沟，排放雨水及日常污水。靠山墙正中置一大水缸，称“养生池”，平日蓄水养鱼，这水也有别致的名字，叫无根水，承接天上的甘霖，但本意是用于防火。徽派建筑元素在这谷地愈加玲珑可爱。

· 严台古民居

深谷里的村庄对土地的利用近乎吝啬，小小的院落，小小的房子，似乎还有小小的日子陪伴千年。

趁小江回家看父母，我们拾级而上望村亭，在这儿俯视村庄，村庄俨然一片树叶卧于这山涧谷地。诗云：

浮梁极北隅，源尽见严溪。
相其形与势，秋叶最相宜。
负山更带河，四塞固村基。
村藏天府内，左右密包围。
天然内城堞，不待人修持。
当日桃花源，风景总依稀。
三面山环抱，鸟道极崎岖。
一面通大道，关锁复重围。

· 严台古油榨坊

在严台，不经意间就有很多斑驳的历史跳入眼帘。据说严台原有一千多年前的古戏台，戏台用青石板和石柱建成，只可惜现在只能看到一些基脚。严台西边有一家传统的油榨坊，始建于明末，至今有四百多年历史，是浮梁北乡有名的油榨坊。经过修复，人们整理了木榨车、风车、石碾、石磨、陶油缸等老油坊曾经用过的物件。

学有所成，劳有所获，商有所利。以商从文，以文入仕，以仕保商。这是严台江氏历代流传下来的家训，它激励着一代代江氏子孙不懈努力。经过数百年的勤奋开拓，明末清初，严台人丁兴旺，茶叶及油茶生意通达四方，科甲之士层出不穷，民居宗祠越建越多，发展成为“门户三千庄八百”的名门望族。

历史上严台一直是浮梁茶叶主产地，白居易在《琵琶行》中写的那个“商人重利轻别离，前月浮梁买茶去”的商人说不定就去了严台。严台有浮梁最大的制茶作坊，最大的种茶基地，最大的卖茶商号。汤显祖在其《浮梁县新作讲堂赋》一文中，对浮梁茶有过生动的描述：“今夫浮梁之茗，闻于天下，惟清惟馨，系其揉者。”严台“天祥”茶号的工夫红茶制作工艺独特，掌柜江资甫（1857—1916），十三岁开始跟随父亲经营红茶，常往返于上海至浮梁。1915年，“天祥”茶号精制的工夫红茶，在美国旧金山举办的“巴拿马万国博览会”上荣获金奖。

那桥那树那村，乡愁的模样如此鲜活。与浮梁的朋友道别时，我请小江写一点儿乡愁的文字给我，小江爽快地答应了，可我回家数月却没有等到小江的片言只字。我想，小江因何不写了呢？

畲山缠绕

没去高安畲山贾家之前，我一直在想，难道这个贾氏是畲族？到了畲山贾家我才知道，所谓畲山，其实就是一个小山包。然而，这个小山包却见证了一个家族的浮沉。

被贾家祖祖辈辈称为畲山的小山包位于村北，是村庄的高地。其势似龙抬头，是村庄的龙脉，一直以来被贾氏奉为神山。畲山贾家因此得名。据说，这个村庄至今保留着为畲山添砖加瓦的习俗，生男孩即添砖，生女孩则加瓦，难怪畲山多砖瓦。这种凝心聚力的举动，让我刮目相看。

· 畲山

贾氏族谱记载，宋开宝年间，贾湖在锜州做刺史，退休后与长子贾九四定居高安坪湖。明洪武元年（1368），贾湖十七代孙贾季良始迁畲山。这时的畲山已有雷、蓝、金、黄、孙、罗六姓居住。我想，雷、蓝二姓应是畲族，这恐怕便是畲山的来源了。贾氏定居后，畲山七姓人为了和睦相处，共同出资修建了七宝祠，共祭祖先。时间流逝，贾姓之外的六姓或逐渐衰微或外迁，最后只剩下孙姓十几口人。

畲山贾家自开基以来世代好贾，在这个家族血脉里，似乎有着好贾善贾的基因。清乾隆至咸丰年间（1736—1861），是畲山贾家的中兴时代，这个时代贾氏经商者众，成功者达百人。商号店铺遍及大江南北，涌现了一大批智商仁商德商义商。贾海林是一个学养很深的人，在村庄里开馆授徒，行为举止高雅，卓尔不凡，这一时期，贾氏家族中优秀人才多出于他的门下。就是这个人“恐高堂之养有缺，爰改辕而业于商”，书生从商，生意居然越做越大，江浙皖、云贵川都有他的足迹。而他的义跟着他的足迹留在了人们心里。贾作轩“和厚溢于眉宇”，常说：“宁人亏我，勿我亏人。”谁能想到，怀揣这个信念，居然也可以在商海中纵横驰骋。据说他曾与人合伙在云南做生意，生意上的事悉数交给朋友打理，数年之后朋友告诉他，“亏折几数千金”。贾作轩没有埋怨朋友，更没有怀疑朋友欺骗他，盘点核算之后，不但没向朋友索赔，还继续往里投资，让朋友继续经营。这种事在今天看来都是不可思议的，难怪他的义会在商贾中流传。

畲山贾家的商业文化维度很广，迷信、执着、梦想都装饰在民居建筑上。我在当铺里看到许多过去没有看到的装饰。贾家村有八八六十四条巷道，东西贯穿，南北通达，又有东西两家当铺，正所谓“南通道北通道，南北通道通南北；东当铺西当铺，东西当铺当东西”。西当铺已经消失，我看到的是官道南端的东当铺，写在门边墙上的“典当”二字黝黑刚劲，浑然一体。走进当铺，左边的典当柜台上方有一个天窗，除了采光实用之外，造型极为别致，呈倒漏斗形状，寓意日进斗金。当铺里的两个天井与民居天井不同，靠近典当柜的天井是两层，上层低于厅面约二寸，雨水很容易漫过井池，漫出的雨水走不远，便倒流到天井的下层。似乎只有这样的设计，才能满足东家“水满财满、水涨财涨”的赢利心理。

· 典当行

其实，畲山贾家好贾也是明清时代的一个缩影。自明中期以来，文化价值取向开始出现多元，士子们不再拥挤在科举一条道上。贾氏富商贾虚谷论道：“世俗重儒士，而轻商贾，予谓人苟有所树立，何必轩轾于其间乎？”当然，贾虚谷的“树立观”也不是贾家的全部。族谱记载，贾家历代先后有8人中举，8人考中进士，其中亦不乏父子进士、兄弟同科的翘楚。文化取向多元，而价值目标只有一个，那就是光宗耀祖，这才是这个村庄最动人的地方。

畲山贾家商贾们积累了财富，无一例外回乡置田建屋、修造祠堂庙宇。这个村庄的神庙系统相当完善，在不到1平方千米的土地上，建有庙宇8座、神塑18尊。而修祠堂正是商贾们表现忠孝和露脸的机会，于是，始建于明代的贾家宗祠，在清嘉庆年间迎来了一次大规模扩建的机会。由于商贾们舍得掏腰包，贾家宗祠在这次重修时，形成了一座三院四栋的大连体。整个祠堂采用抬梁与穿斗混合式梁架结构，面宽7间、宽17.5米，进深27间、长107.4米，为四进式穿堂建筑，由昼锦堂、拜亭、寝室、观音堂四部分组成。这是我至今看到的建筑规模最堂皇、文化内涵最丰富的一座祠堂。

从地理上看，贾氏宗祠位于村庄南北中轴线上，依照地形顺势渐高，富于变化，蕴含步步高升之意。昼锦堂为天井廊院式结构，赋予采天地之灵气、聚肥水于一室的传统理念，回字形天井由四根粗大的石柱支撑，天井上有一雨亭，亭顶为重檐四垂顶式，坡度和缓。雨亭天花顶的构造十分罕见，为八卦造型的藻井，顶

· 畲山贾家祠堂之一

· 畲山贾家祠堂之二

· 畲山贾家祠堂之三

· 畲山贾家祠堂之四

部为圆形，正中饰以宝相花一枚。梁枋间挂有“进士”“兄弟同科”“荣封三代”等金字匾额。昼锦堂采用减柱法穿梁架构，俗称偷梁换柱，是民居建筑中的经典之作。祠堂是宗族聚集场所，采用减柱是为了拓展空间，便于搭建临时戏台以供演出。二进院为拜亭，是祭祀先人的地方。为了扩大祭拜的空间，避免族人祭拜时遭受日晒雨淋，故加盖屋檐成为拜亭。院中地面用斧刃砖墁地镶成八卦图案，与八卦形院墙融为一体。同时建有两座大焚香塔，祭拜时族众先对天膜拜，再祭拜殿内的祖宗牌位。拜亭梁枋上的木雕精湛巧妙，左右两侧的弯月形雕板上，分别刻有龙吐莲花、双龙拱磬等吉祥图案，斜掌则雕刻成狮子滚绣球。三进院为寝室，供奉祖先牌位。四进院为观音堂，为明代建造的敬奉观世音菩萨的庙堂。寝室和观音堂以侧廊连接，似乎是重修时修改的妙招儿。

贾家宗祠融儒释道于一体，其建筑规制源自《周礼·考工记》“左祖右社，前朝后市”，左祖居东阳为天，右社居西阴为地，居中厅堂为人所及。整座祠堂充满了儒家的庄重、道家的神秘、佛家的虔诚，伫立其中，令人无法抗拒这神性空间里的无边气象。

高安的朋友告诉我，畲山贾家村民居建筑以贾氏宗祠为中心，规划构建极其巧妙，依照乾、坎、艮、震、巽、离、坤、兑八卦的规律，房屋一栋紧靠一栋连接起来建造，只在东、西、南、北四个方位留下进出的路口，并将路口建成关卡，构成围垒式格局。而村庄内部则演绎成“八八六十四巷”，相生的巷道为生门，相克的巷道为死门。在村庄行走，高墙深巷，拐弯抹角，纵横交错。虽然我没有时间领略八卦的玄妙，但是我确切地感受到了如入迷宫的奇幻，如果不是朋友引导，真的是进得来出不去。

如此密集的建筑，排水是一个难题，然而，畲山贾家做得完美无缺。这不仅有赖于科学设计，而且取决于宗族的善治。整个排水系统由天井、暗沟、阴沟三部分组成。全村几百口大小不一的天井、暗沟在地下相互联通，连贯院落、家户，将村庄的生活用水和雨水排入池塘，注入溪中，流入肖江。所谓沟无直沟、水无直流，它蕴含了阴阳、曲直、祸福、巨细、荣辱、兴衰之间的辩证关系，也是最富中国特色的文化元素。

畲山贾家保留了100多幢明清建筑，这些建筑的共同特点是重内不重外，其内部装饰极尽奢华。精妙绝伦的木雕、砖雕、石雕表现在窗、柱础、门楣、梁、枋等所有能够看到的地方。尤其以木雕的表现最为繁复，题材包括植物、动物、自然物体、文房四宝、福禄寿喜财、人文历史故事等。极富想象的建筑架构，极其丰富的历史人文，融汇自然美学意境，雕刻出一幅幅动人心弦的画面，就像一座雕刻艺术殿堂。有一栋民居的木雕用“断乳救母”表现“孝”，儿媳敞开胸用奶头喂婆婆，膝下是一双嗷嗷待哺的幼儿。极富表现力的艺术手法，将传统伦理和居住环境融为一体，令人动容。

赐福堂的四面山墙就像艺术长廊，1.5米高的条石墙上刻有鹿、凤、蝙蝠、梅、竹、太极等图案，雕刻技法娴熟，粗犷古朴。青砖墙上又镶嵌有多处漏窗，每一块漏窗都是一件精心创作的艺术品，一窗一景引人入胜。山墙的四个角不是直立的，离地1.5米都是用一块条石凹进倭砌，俗称谦让墙。这一谦让，墙角一缩，巷

· 畲山贾家古民居之一

· 畲山贾家古民居之二

・畲山贾家古巷

道拐弯处就宽阔了，也方便了过往。充满谦和的人性关怀，让窄小的巷道充满温馨。

怡爱堂是明代建筑，外观与其他民居无异，但内部独特的木架结构让人惊叹。怡爱堂的用料与房屋体积相比异常粗大，从结构及大厅两根立柱看，不同于传统的江南建筑风格，也不是北方的造型，是一幢融合了多种建筑风格的特殊民居。月梁、穿斗、斗拱、立柱上的雕饰粗犷中显现细腻，穿斗上“福寿康宁元亨利贞”八个字颇为隽秀。地面上漆黑发亮的地砖，虽然没有皇宫金砖那么宽大，但做工极考究规整。屋主人是一位走南闯北的商人，他把南北建筑的元素融入了赣中文化的建筑思维，留给村庄别样的情调，以及让人浮想的文化空间。

从畲山贾家出来，我似乎感到了一种缠绕。房屋跟房屋缠绕，村庄跟祠堂缠绕，人跟巷道缠绕。这样的缠绕，似乎赋予村庄永远磨不掉的精神。

塘边的圆

大约安福刘姓很多，我去过几个刘姓村子，他们都自称刘邦的后裔。所不同的是，房系不同，迁徙的时间和方式不同。巧的是，他们不约而同来到了赣中福地安福。

安福是赣中通往赣西的咽喉，三国时周瑜在此屯兵，可见此地位置之重要。安福土地肥沃，资源丰富，自然条件十分优越，年平均气温18℃，年平均降水量1500毫米以上，年无霜期280天，适宜农作物生长。安福是江西十八古县之一，也是江南著名的“最美樟乡”，过去叫安成、安平，后来合并成安福，大概也有祈福的蕴意。安福百福公园有一面弧形的福字墙，上面写满了形形色色的“福”字，是安福人对“福”的不同理解。

塘边离县城30公里，始祖刘景洪（后改名刘粟）是西汉长沙定王刘发的后裔。公元980年，他从祖上的封地长沙迁出。实际上，这时候的长沙早不是刘家的天下，一千年过去了，昔日的王侯家族早已是平常人家。与其他人到吉安做官举家迁徙不同，刘粟是拒官不做归隐安福。但刘粟的归隐与一般隐者又完全不同，他是带着美好的期许和繁衍的梦想来的。刘粟眼光独特，他选择了这块非常大的盆地，虽不靠山，也不临河，但土地开阔，很好活命。刘粟于塘畔筑室，很随意地把这地称作塘边。刘粟生两子，长子生五子住在东边，次子生五子住在西边。两大房虽然相对独立，但是他们似乎始终秉承风水的指示，在塘边营建他们的居所。

在塘边，我站在村庄的中间环顾四周，整个村庄是一个圆。西边是村庄的中心，也是一个圆。就如我在浮梁看到的严台的紧密，在高安看到的畲山贾家的缠绕一样，我感到了一种新奇和兴奋，我想这个圆或许是中国聚落文化最好的诠释了。

· 塘边村庄外貌

· 航拍塘边村

似乎是为解决水源，这里的先民在村中挖了10多个大水塘，供牲畜饮水、家居洗涤和农业灌溉。但仔细观察，仍然可以看出营建村庄的匠心。东西两边的水塘全部用块石和条石垒砌，并筑起石堤，其用意显然是扼守两端，把守“龙脉风水”。岸边细柳拂水，民居沿水塘四周而建，布局合理，与自然融为一体。这些似是随意而为的动作，却掩饰不了塘边人对风水的信仰。

风平水静，村落屋宇，翠柏成行，天光云影倒映水中。始建于元末明初的文明坊，虽然在清同治年间重建，但古意盎然，大块青石板雕刻而成的门坊上有一联“池临户外观鱼变，柏绕堤前引凤飞”，写尽了村庄的美和人们内心的期许。

塘边人对村庄的圆形有自己的解读。他们说塘边所处的位置为“珠形”，又有“乌云罩珠”之势。珍珠为圆形，象征着珍贵高雅之物，民居沿珠而建，居民自然是身居宝地了，所以有“趋时尚中之灵，安身立命之道”的说法，体现出天道与人道合一以及亲和自然的价值观和审美观，浸润着“耕读固本，经商发家”的家商文化底蕴。

其实构成塘边圆形格局的不是地形，而是设计者的苦心孤诣，它蕴含着始祖的家居梦想和人生价值。刘粟虽然有着高贵的皇家血统，但他厌倦了做官，似乎已经为自己和子孙后代寻找到了另一种人生，那就是耕读固本、经商发家。这样的理念在其建筑上表现得淋漓尽致。自古以来，商人相信“商家大门不朝南”的训诫，因为商属金，南方属火，火能克金，那是不吉利的，必须回避。在这个圆形布局的村庄里，无论是单幢民居还是“群落”民居，大门的朝向位置都便于选择变换。从现存的古民居看，大门的朝向是多方位的，有的民居故意把大门开得偏斜，或用屏墙、照壁挡着，都是为避开正南方向。虽然也有民居大门朝南开，那也是在“群落”高墙之内。

塘边虽然地域宽阔，土地充盈，但是塘边人从来没有守土自慰，他们精明练达，走耕读经商的务本发家之路，使子孙兴旺发达。在南宋时期，塘边村已经有相当规模，人们生活富足，村中不乏财主绅士，令乡人刮目相看。族谱记载，十四世孙刘士信富甲一方，远近闻名。到了他的儿子刘瑞子这一代，更是闻名遐迩。1264年，永新县蠡贼黑伯纠集百余匪徒，夤夜突袭塘边，动手劫刘家。刘瑞子闻讯，携家眷逃命时在墙上留言：“有为我报斯仇者，当得吾家产一半。”果有当地好汉李台山响应，他用文武两手、虚实两招，设下计策，以少胜多，使不少蠡贼落入圈套，或被擒获，或被击毙，保住了刘家财物。刘瑞子果不食言，将一半家产偿付李台山等，计分出租米5700余担、楼房祠宇佃庄百余所、金银1300余两，由此亦可见刘瑞子家财之巨。

塘边人经商辉煌于明清。附近的吉安、赣州以及袁州等地是他们经商的熟地。尤其在吉安，明末清初塘边人开的商号铺店可以连接成一条长街，食油业、典当业几乎被他们把持。清雍正年间，塘边富豪刘克绍在永叔路开的“同源金号”乃“望郡”首家，其资本无他号可抗衡。塘边商人视野开阔，他们的足迹不仅遍及湘、鄂、桂等邻省，还远涉大西南边地直至东南亚。明末至清初，塘边人在四川凉山、盐源、云南宜良等地开发盐产，经营盐业的商户有40多家，商人有数百之众；在云南临安府经营百货绸缎布匹的商人遍及各州县，成为赣商中具有较大影响力的商业集团。

赚钱的目的无非是把日子过好，富商们在营建居所的问题上有一个共识，那就是让自己的居所在当时产生影响，这虽然是面子问题，但是它在族群中也树立了一种赶超意识。这其实也是一种文化正能量。我在许多历史文化名村考察时，都能感受到这种文化的魅力。

·塘边古建筑文明坊

塘边村至今保存明清古建筑近百幢，这些民居呈群落式结构，或三五成群，或自成族落，最大的一组群落多达20幢。西边文明坊内的一组群落，房屋建筑样式以及装饰风格整齐划一，无疑是一个房系的居住点，围以一丈多高的围墙，呈半封闭状态，闭户各家为一体，开门同一大门出。只可惜这么大体量的建筑现在已经荒芜。

・塘边古建筑八幢屋之一

· 塘边古建筑八幢屋之二

· 塘边古建筑大夫第

塘边村最具代表性的建筑是八幢屋和大夫第。这两组建筑同为清中晚期所建，是刘致美和刘继美兄弟俩的居所。八幢屋面宽41米，进深52米，前后各4幢，前面有一排大戏楼，全部木雕而成的艺术品，青石板铺就的巷道，墙垛高翘，兽角峥嵘，气势恢宏。据说当年大哥刘致美回家建房时，在外地请了几百个工匠，两个月即告落成。弟弟刘继美没有沿用大哥的样式，他在旁边建了一幢伟奇的大夫第。前壁为青石板石雕，堂内装饰华丽，金碧辉煌，大堂屋柱雕有龙凤狮头，相传在雀替梁榫、斜撑各处共有木雕狮子50对，狮子眼用夜明珠镶嵌，入夜熠熠发光。水枧、水管用锡铸成。整座建筑富丽堂皇，是塘边的地标建筑。

我在考察塘边建筑特色时有一种感悟，所谓庐陵风格，作为一种地域性的普遍称谓自然有据可循，但是这种地方风格的变化常常为人所忽视。比如，八幢屋的建筑规制与庐陵建筑大相径庭，而大夫第的装饰风格更是与庐陵风格相去甚远。不同地方的工匠把不同地方的文化带进了庐陵，丰富了庐陵文化的色彩。

要离开塘边的时候，已近黄昏，我看到一幢幢老屋倒映于水塘。塘边虽然不足一百眼塘，但足以映照整个村庄。

关西之围

我多次去过龙南，却不识关西。这一次直赴关西，虽是上午，心头还是涌上“日暮乡关何处是，烟波江上使人愁”的诗句，无端生出幽古情愫。

公元1517年（明正德十二年），王阳明主持南赣剿匪，在程岭设关。处在程岭之西的这个地方得名“关西”。其实，关西之前应有他名，只是无人计较，似乎“关西”正好。

关西之地青山环抱，盆地中的小河只见来水不见走水，水口处金龟把守，正是堪舆家心仪的风水宝地。传说，关西徐氏始祖徐有翁做货郎时，走村串户卖吆喝，偶遇风水大师赖布衣，两人处得很熟。经赖布衣指点，徐有翁寻得关西这块风水宝地。公元1237年，关西以火一样的热情接纳了远徙而来的徐有翁。

关西多姓杂居，徐氏祖先与大多数姓氏一样，以种地务农为主，兼做木头生意，由于关卡繁多，一单生意下来，并没有几个钱上手。自徐氏迁居关西，到十三世祖徐立孝时，四百八十多年间，徐氏并未出现发达的迹象，似乎辜负了这方宝地。但清乾隆至道光年间出现了转机，关西徐氏涌现了“五个翰林三个半”（龙南出了五个翰林，而关西占了三个半。半个是徐家女婿），以及营建关西新围的徐老四等商贾大佬。

徐老四本名徐名均，在兄弟六人中排行老四。在关西，我听到最多的是关于他的故事。龙南文物局张局长是关西人，对客家围屋有很深的研究。他跟我说，过去龙南的木材被称为“龙木”，关西是龙木的主要产地，徐老四的父亲徐立孝的“西昌号”在江湖上赫赫有名。由于苛捐杂税多，所以赚钱并不多。徐老四从小跟随父亲闯荡江湖，三十岁时接过父亲放排贩运木材的生意。他的运气果然比父亲好。一次木排泊在赣州，一位落难公子求上门来，恳求徐老四带他回南昌。徐老四不仅答应，而且一路上细心照顾，木排泊在南昌，徐老四又给了公子一些银两让他回家。第二天，公子家人抬着轿子来请徐老四，这才知道受他相助的是道台家的公子，因为跟家人赌气，流落到赣州。道台大人为了感谢徐老四，给了他一道手令，凡是烙有“西昌”字号的木头一律放行，免收捐税。一夜之间，西昌字号成为抢手品牌，徐老四成为赣江上做木材生意的老大。从此，徐老四的生意顺风顺水，越做越大，经营范围越来越广，赣州、信丰、龙南等地开始出现徐老四的药铺当铺。

关西多围，保存较好的有40多座，建筑年代自明末到清末，跨越三百多年。这种四面围合聚族而居的居所让关西盆地古意盎然。被誉为“围屋之王”的关西新围气势恢宏，建筑面积11 448平方米，分三大功能区：第一是防御区，第二是生活区，第三是后花园。围屋主人就是徐老四。他从四十七岁开始建关西新围，直到七十六岁才完工，历时二十九年，耗银数百万两。

从围外看，关西新围近乎方形，四角有四个高大的炮楼，长近百米，墙上布有几百个梅花枪眼和外大内小的射击孔、瞭望窗。敌人来犯，若在远处，居民可以从梅花枪眼打击敌人；敌人到了墙脚下，居民可以从炮楼上的射击孔打击敌人。炮楼上的射击孔和正面的梅花枪眼正好形成一个射击的死角，使得敌人不敢越雷池一步。从空间布局到地下设施无所不用其极，四周墙基皆埋有10米深的梅花桩，千年不坏，以防敌人从地下偷掘入墙。瓦面上布满用剧毒药水泡过的三角铁钉，能见血封喉，以防敌人爬上屋面进入围屋。围门顶上设有注水孔，围内关键部位设有消防池和消防缸，永避火患。围内设有粮仓，足够吃两年，以防围内断粮。

· 关西新围

· 围内巷道

· 围内土库

关西围屋防御的设施可谓登峰造极，在这些设施的背后，我仿佛能够窥见客家人防御的心理、防御的智慧，以及防御的文化。

而正是这样的防守养成客家心性，谦虚、谨慎、吃苦、耐劳，正是这样的文化品质树立了客家永远不倒的自信。

围屋是客家人的居所，是客家人心中最具乡愁气息的意象。站在新围墙下，我能感受到外围墙体的厚重，以及被高墙遮蔽的压抑；我能感受到客家人寻求安全的谨慎，以及客家人繁衍的信念和对家园的坚守。

从东门进入围屋，一道深巷把防御区和生活区隔开，跨过一道门步入生活区，眼前豁然开朗。一组宏大的建筑群以祠堂为中轴线纵深展开，围屋里面竟有如此大的空间，居住的设施，集会的场所，花园戏台，甚至小孩玩耍的坪，无不齐全。站在围中，我能感受到一种神性空间的磅礴气象，以及放飞心灵的惬意；我能感受到客家人营造家园的细致，以及对飞黄腾达的无限期许。

· 围内民居之一

· 围内民居之二

祠堂坐南朝北，门口立有威武精美的石狮。雄狮左爪握官印，甚是威严；雌狮左爪抓元宝，仰头向上，面含微笑，身上附着两只小狮子。如此造意恰好暗合主人心意。据说当年徐老四在苏杭结识了两位张姓女子，生意低迷时，这两位女子变卖细软资助徐老四。徐老四有情有义，发达后，娶回两位女子，相伴终生。在西门外，徐老四另辟3600平方米，建了苏杭格调的小花洲，供两位小妾娱乐。

祠堂的门簪石雕“四不像”，左边的雕刻是象头羊身，寓意“太平有象”，右边是猴头马身，寓意“马上封侯”。徐老四不缺钱，缺的是出将入相的文才。他的两个孙子徐赠和徐峰没有辜负他，多年后分别荣中文武举人，也算是光耀门庭。门楣高悬着的“赏戴蓝翎”匾额，据说是光绪皇帝所赐。过去关西一带流寇土匪出没，光绪赐匾，实际上是交给这两兄弟先斩后奏的特权，可见当时徐氏在地方上的势力。

· 关西围祠堂之一

· 关西围祠堂之二

进入祠堂，依次为下厅、前厅、中厅、上厅，与厅并列的三组建筑称为下栋、中栋、上栋。前后三进，五组并列，十四口天井对称分置十八厅豪华大宅。与大宅相配套的还有内外花园、戏园、土库、偏房等建筑，其间以廊、墙、甬连接，整个平面结构严谨，序列分明，空间、院落组织丰富。这种家祠合一的建筑样式，带着浓郁的客家风情进入人们的视野，然而，当你用心领会建筑之美的时候，你依然可以看到那些熟悉的江西天井式建筑的元素。

高大的空间和华丽的装饰，营造了一种庄严的氛围。这座客家祠堂让我觉得新奇的东西太多。中厅两边摆放着两条10米长的马古凳，据说是修建围屋时木工师傅的工作台，围屋修好后变成了长寿凳，春节吃团圆饭，是辈分高、年长者的座席。中堂一块整体屏风，是一扇六面开合相间的大门，只有七品以上的官来了，才可以打开这道中堂门。传说徐老四死后有十八副棺材出殡，东门出了九副，西门出了九副，虚虚实实，给围屋增添了神秘色彩。

与大厅下相连接的边屋，犹如左膀右臂拱卫着大厅下，靠墙建的偏房、土库、走马楼等建筑无一不面对中心建筑。这种向两旁横向连体的建筑脊梁、边屋忽略自然朝向而面对祖宗牌位祭所位置的设计，正是客家人崇宗敬祖、公利为大、向心聚居的精神元素。

离开新围，我还去了徐老四的祖围西昌围，以及他兄弟的围。这些围的设计理念和建筑品位难以与新围同日而语，这说明客家

· 围内装饰

围屋并无严格的规制。它是客家人寻求安全感、加强家族亲和力、强化家族伦理的一种方式和途径。客家人所秉承的文化精神，在建筑元素的排列组合中被聚集和放大，它照耀着子孙万代的心灵。

周田之村

被田围绕的村庄像是土地上结出的最硕实的稻穗，它招摇着枝叶，吸纳天地自然的灵气，在屋宇中拔节分蘖，在风雨中伸展根蔓，大地上最伟大的孕育不分时节、不舍昼夜。

一般而言，被田围绕的村庄比比皆是，但直呼为“田”的村庄似乎很少。这个被田围绕的村庄干脆就叫“周田”。

周田位于赣、闽、粤三省交界的东江源头，与广东平远县差干镇烽岭牌村、福建武平县东留乡龙溪村仅一山之隔，穿村而过的古驿道连接三省三村。寻乌有一句流传了数百年的俗语：“项山的糯，三标的货，周田的屋，长畲的谷。”可见周田很有知名度。

因为特殊的地理位置，周田向来是边贸繁荣的关隘，以及南来北往迁徙者的重要通道，毕竟一脚跨三省，对于这种特殊的地方，但凡去过一次都是忘不掉的。而我未去周田就已钟情于它，却是因为它的村名。我感觉周田就是传统村落的温馨符号。

去过周田，让我感觉最温馨的自然是周田的屋。屋是构成村庄的基本单位，周田大屋是一种特殊的宗祠和民居合一的院落式建筑，包括门楼、院落、祠堂、厢房四个部分。过去人们一直把这种建筑形式归并为客家围屋类建筑，专家们认为，周田大屋的建筑样式虽然有客家围屋的某些特征，但从严格意义上讲，它并

· 周田大屋门楼

非围屋，称作客家大院较为贴切。

门楼体现着整座大屋的精气神，一般是红条石起基，砌筑至一米高左右，然后用青砖砌筑，再用“大方砖”饰面。大方砖经过精心磨制，有棱有角，表面平整，砌筑工艺精湛，历经几百年，砖缝连刀片都插不进。祠堂是周田大屋最核心的建筑，也是整座大屋的精华所在。祠堂门额正上方有一块石刻牌匾，下田堂湾巨楫公祠大厅门额题“世德钦承”，长坑子明魁公祠大厅门额题“槐荫永茂”，门楼题“凤鸣魁枝”，大概与家源有关。石刻牌匾的左右两边通常用小字刻着建造年代，以及题词人的姓名。牌匾的左右镶以砖雕，人物、花鸟、虫鱼栩栩如生。屋

· 周田大屋

脊呈弧线状，两端微微上弯，屋脊上砌一排灰黑色玲珑砖，脊中、脊端、檐角均饰螭吻。从高处看，屋脊一进比一进高，最后一进屋脊最高。祠堂地面也是一进比一进高。每厅之间有天井采光、通风。祠堂两边是民居，各有一厢或两厢，建筑极为简单，多数是干打垒的一层建筑。大院十分宽敞，卵石铺地。祠堂除了祭祖，还是办红白喜事以及议事的场所，平时放置谷物风车、石磨、石捣臼、楼梯等农具和生活用器。一家几代人生活在大院中，温馨和美。

· 周田大屋天井之一

· 周田大屋天井之二

祠堂中的天井，有石棺造型和古锁造型，这在其他地方比较少见。棺材寓意无疑是升官发财，而锁的造型又有什么寓意呢？江南的建筑格局一般是四水归堂，所谓肥水不流外人田，水都到家了，还要加把锁，可见周田的生意人是何等精明。

王氏族谱记载，周田大屋最早建于明朝万历年间，历经明清子孙繁衍，先后建造大屋28座，最晚一座建于清朝咸丰年间，前后时间跨度300多年。至今完整保存下来的有15座。周田建造的第一个客家大院是老屋家，建造的时间大概在明朝万历年间，迄今已有400多年历史。作为周田结庐时代的产物，老屋家相对简陋。但是始祖王梯对卜居这种事情不敢马虎，个人的梦想与风水的堪舆完美地体现在田中间的一块佳地。东西两条山脉环抱，左右两条小溪汇集，在天然池塘的后面，王梯开田破土，建起了周田的家。大院占地1.5亩，门楼开在东侧，房屋坐北朝南，两层砖石土木结构，坡屋顶，南面是大厅，东、西、北三面是房间。与村中其他建筑不同的是，中间有一个大方天井。

关于王梯，族谱记载不多，但渊源和传承清晰，系出山西三槐王，曾祖王裳。《寻乌县志》记载：王裳贡生出身，明嘉靖年间历任上杭令、广东布政司都事。明万历年间，王梯从福建迁入寻乌澄江王屋，王屋距周田很近，他发现周田这个地方两山夹一沟，奇石、秀峰、古树点缀其中，中间一条溪流（后人以他的名字将这条溪命名梯公河），一派宁静祥和的田园景色。

周田是一条重要的“盐米之路”，驿道上肩挑马驮往来不断，接驳筠门岭与下坝的水运码头盐上米下。毛泽东在《寻乌调查》中描述说，从石城、瑞金来的米和豆子为大宗，从兴国来的茶油为大宗，在筠门岭上岸，每天从筠门岭至下坝等地的大米、豆子、茶油共有四五百担。下坝运至筠门岭的以海盐、海味、洋货为多。脚夫们一担货去，一担货回……正是这通达三省的古驿道，给周田带来了明清五百多年的繁荣，培养了不少客家富商。

王周崧是周田开村以来最大的富商，其财富不可估量。他生于1725年（雍正三年），享年七十六岁，一生养育王巨楫、王俊豪、王琼圃三个儿子。王周崧自幼聪明好学，曾在南京国子监读书，取得贡生资格。但他放弃功名，选择经商，生意遍及赣、闽、粤三省，会昌筠门岭、寻乌罗塘和澄江、平远下坝、蕉岭等水运重镇都有他开的店铺。他一生建造了下社母、松山排、松树下三座大屋。松山排是王周崧的金库，松树下是三座围屋中最后建造的一座大屋，号称“周田十八座大屋”的榜首之作，也是周田大屋进入精品时代的里程碑。祠堂中木雕、砖雕、石雕广泛运用，院门的牌楼雄伟壮观，是周田古建筑中的首创。

松树下建于公元1796年（嘉庆元年），占地面积大约4亩，长、宽各为50米，二进大厅，四列厢房，二列舍屋，依山傍水，坐东朝西，门楼朝北。松树下号称周田大屋的榜首之作，其牌楼建筑气势雄伟，砖雕工艺精湛，尤其是牌楼立柱，以淡青、淡白两种颜色的大方砖相间砌筑，红条石、精磨大方砖颜色如故，坚固如初，甚至正砌对角砌的砖缝都成了装饰之图案。

松山排建于公元1768年（乾隆三十三年），占地面积1.5亩，坐东朝西，门楼朝西北，左边、右边、后边都靠着山坡。大屋规模不大，也不高，大厅和门楼都显得有点“小家子气”，不像其他大屋那样雄伟壮观，不管从远处还是近处都很难看到这座大屋。但是整座大屋建得非常坚固安全，外墙、内墙全部用红条石或青砖，围墙建得很高。大厅的杉木藻井（当地称“天玻楼”）雕刻精细，连檐椽和飞檐都满绘色彩鲜艳的彩画。据说松山排是王周崧专门存放贵重财产的房屋，因此相对比较隐蔽。

下田塘湾由王周崧长子王巨楫建造，建于公元1814年（嘉庆十九年），门楼建于公元1817年（嘉庆二十二年），整座大屋建设耗时三年。据王氏族谱记载：王巨楫，字世钦，邑庠生。出生年月无准确记载。下田塘湾是公认的周田大屋经典之作，在《寻乌县志》记载的三座古建民居中名列首位，是周田大屋中占地面积最大、布局最合理、房间最多、最坚固、建筑艺术价值最完美、题词人级别最高的大屋。整座围屋占地面积6亩（不包括舍屋），长、宽各为60米。围屋坐东朝西、门楼朝东北，四进四厢，共八厅十二井，共计50个房间（不包括大厅和舍屋）。

据说王巨楫于嘉庆十八年（1813）建造了上田塘湾大屋，占地2亩，长、宽各为36米，二进四厢，四厅五井，共计25间正屋。大屋规模不大，但每一细微之处都做得很精致，特别是木雕工艺被充分恰当地运用到大屋之中，把大屋装饰得华而不俗。公元1813年秋季竣工后，主人乔迁时请了很多客人。其中有一位是剑溪人刘元丞，当年建造了一座"四角围"，他对王巨楫说："你虽然很有钱，但这座围屋在办喜事时连放一把伞的地方都没有。"他的意思是说上田塘湾大屋太小。王巨楫听后，下决心建一座更大、更好的大屋，尽管当时他已经六十多岁。第二年，他在上田塘湾的南面动工建造了方形大屋的经典之作——下田塘湾，规模是上田塘湾的两倍多，房间是50间，正好是上田塘湾（25间）的两倍。

新屋上由王官福建造，建于清朝道光或咸丰年间。据王氏族谱记载：王官福生于公元1802年（嘉庆七年），殁于公元1869年（同治八年）。这是清代周田村建造的最后一座大院。新屋上大屋依山而建，坐东朝西，门楼朝西北澄江方向，占地面积2亩，长、宽各为36米。二进四厢，二厅三井，共计21个房间，舍屋若干。估计王官福财力不是很雄厚，所用的建筑材料相对较差。门楼门、大厅门和小门的门框都是红条石，檐街用红条石砌筑，内外墙墙角用青砖砌筑，其他墙体都是黄土"干打垒"墙体。大厅门口和门楼没有华丽的装饰，室内的梁板也没有精美的雕刻，比较简单实用。

赣闽粤驿道崎岖不平，历史上应该是由闽南进入客家中心梅州的迁徙大通道。汽车在高速公路上行进，进入东江源三百山之间须经过多个隧道群，可见当年客家先民经寻入梅的艰难。寻乌境内没有大江和大河，生意的空间不会太大，而且这条官道并不繁荣，与赣江大庾岭通道不可同日而语，这条路上竟找不出文人骚客的几句诗来，但很可能成为海盐北运与北盐南运的走私通道。

第四章／繁衍的逻辑

青史留名与光宗耀祖是中国传统文化中最具积极意义的文化标尺，中国人成长的原动力是对家庭的担当，它推动中华民族无论在什么样的情况下，都能生成积极向上的发展机理。

千年流坑

风水的流坑

流坑不愧为“千古第一村”。它不神秘，却像磁铁一样吸引着我。2016年，半年之中我两次造访流坑，为的是读懂流坑。

自古以来，流坑分属吉、抚两州，庐陵、吉水、永丰、乐安四县。这个经历不凡的村庄，必有摇曳多姿的文化。在村史馆，我久久注视航拍下的流坑：村盘静若处子，躺在乌江的臂弯里，房屋如无数珠贝，裸露在河谷之上，人工开凿的龙湖让村庄灵动着“活水排形”的神韵，形、势极为生动。

· 流坑古村

流坑的导游多是流坑的媳妇，跟着这些外村嫁过来的女人在村庄行走，听她们轻言细语讲述夫家的历史，以及那些凝固在历史时空中的物象，每一次都能给人强烈的感染。她们已经爱上了这个村庄嘞。

我一直想寻得一块高地，瞭望流坑。我试图体会“天马南驰，雪峰北耸，玉屏东列，金绛西峙”的气象，以及“二龙并落，三水夹行，雌雄交媾”的气息，我想，是怎样的逻辑造就了这一方美丽家园？

公元937年，乌江中段杳无人烟，这条出自雩山余脉的水流无拘无束向西流去。我知道的，在赣江中游的多条支流上孕育了世人瞩目的文化。乌江带给人们的又是什么呢？它孕育了流坑“五百年耕读，五百年农商”的历史，在通往永丰、吉水的路上又走出了多少历史名人？

这一年，流坑迎来了开基祖董合。此人并非庸常之辈，他的远祖是西汉思想家董仲舒，近祖是唐德宗时期的宰相董晋。董氏族谱记载，董晋原籍山西，其子孙在唐末战乱时南迁，其中一支迁居宜黄扩源。到董合这一代有了兄弟仨，这个家族刚长出枝，又要分蘖了。老大迁居德兴，老二留居扩源，老三董合迁居流坑。我过去并不明白，好好的一个家族为什么不能在一起生活呢？

流坑所处的乌江中段是一块南北走向的河谷地，居其中，江水环绕，群山环抱。那时候，乌江南岸的河谷地芦苇荡漾，野鸭成群，谁能想到在这一片低洼地里起屋聚族？难怪董合一眼便相中了乌江北岸的白龙塘，那儿三面环山，面水朝阳，是一处建村的佳地。多年之后，董合请来风水大师杨筠松、曾文辿卜择墓地，师徒俩遍访流坑山水，始得四块吉地。或许是被董家的盛情感染，杨大师向董家透露天机：北岸地盘狭窄，村盘处在河道拱背之上，犯了阳宅选址的大忌，并建议董家从北岸迁到南岸的河谷地。据说当年杨大师还有谶言留给董家。我在村史馆看到下面这些文字：

赐绯赐紫一百人，三百绿袍玄息着。
儿孙累世享官荣，与国齐同如山岳。
若见五人同甲名，官职渐时荣。
阳星日月峡相随，文武状元归。
虎马兔山高起顶，庄田置万顷。
五百年中犹解败，辛戌水流大。
若见水流庚，依旧好流坑。

这些充满玄妙的谶言，穿透千年时空，把一个家族的繁衍定格在了这一块河谷地上。

让人惊奇的是，流坑的历史一如演绎杨仙的谶言，其文馆的两面直墙上写满千年科举的硕果，那一行行竖写的名字无言诉说着这个世家巨族的辉煌历史。两宋319年的时间，流坑出了30名进士、74名举人，还有以其他途径获得功名者50多人。尤其是庆历元年（1041）、庆历八年（1048）和皇祐元年（1049），更有“六子联科”“七子联科”“四子联科”的盛事。这一时期，流坑仕途大开，上至宰相、尚书，下至知县、教谕，多达百人，足以撑起一个官僚家族的天。数平方千米的河谷之上鲜花盛开，百鸟朝凤，一派欣欣景象。

· 流坑文馆

这一段历史,《流坑村图述》一文如是描述:

朱梁间，吾祖司徒公（董合）自宜邑霍源徙居江背白龙塘，寻遇南唐国师杨筠松先生师弟，卜居斯土。土名和里，地号中洲。发祖赣山，迢迢千里，蜿蜒而来。过荷公坳，一跌特起，秀峰长拖毡褥，高列幛屏。御屏一山，实为归宿。环拱皆山，绕抱皆水……自唐迄今，丁添万户，聚只一家。贤哲代生，英才迭起……兹将阳宅图出，俾后人按而知我祖之德与杨、曾之功。

有关杨筠松为董氏相地之事，元代奎章阁侍书学士虞集为董氏所作《董氏秋祀祠堂记》中写道："董氏自唐末五代时，善相地者杨筠松、曾文辿连得四吉地，以葬其父子妇姑。四墓下子孙蕃衍富厚，又多科第仕宦。”同治十三年（1875）《永丰县志》记载：“虔、吉接壤，又尝至吉州庐陵流坑董氏卜葬，所经由乡村巨族，多留箝语，预谶山水形势美恶、变迁吉凶，今往往验。”然而，明代曾为苏州知府的聂豹却不这样看，他受董氏之邀撰写《董氏重修祠堂记》，对董氏得吉地而兴盛不以为然，反而奚落了杨仙一番。他在文中说：“杨、曾物土遍天下，乃江南卜兆妇姑子父如董氏者岂少哉？而荣禄文献之盛不一再见，岂堪舆之术独神于流坑也耶？君子弗之讳也。”在阳明弟子聂豹看来，流坑的兴盛，无疑是董氏崇文重教的结果，而客观上也得益于两宋大开科举广取文士的大好时机。但不管怎么说，董家人始终视杨、曾二人为恩人，在家祠中供奉二仙的牌位。风水的信仰一如种子种在流坑人的心里。

走进风水的流坑，我会看到什么，又能看到什么呢？村庄的物象是祖先探寻繁衍的逻辑的物证。布局和朝向展现了村庄的形、势，诉说着一个家族繁衍的向往，千百年来成为村庄繁衍信心的源泉。

也许风水过于玄妙，流坑的女导游只知道风水的好，却不解风水的妙。或许在她们背诵过的讲解词里原本就没有风水的内容。这却不好。我第二次去流坑，端的就为这个。她们不讲，我用心感悟。

跟着乌江西去，村庄西北角的江面收缩变窄，按照堪舆的术语，这便是流坑的水口。水口是风水学中一个重要的元素，所谓水口，就是水流的入口和出口。水是生命之源，能生养万物。古人认为水流影响气，“气之阳者，从风而行，气之阴者，从水而行。顺阴阳之气以尊民居”。传统风水学认为水是财富之源，所以风水学中最注重水口。水口得当的标志是天门开、地户闭，水来之处谓之天门，宜宽大；水去之处谓之地户，宜收闭，有遮挡。当年杨筠松把这一块河谷地比喻成“鱼袋”，“鱼袋若居兑位，卿相可期”。传闻杨筠松为了保住“鱼袋”地势，曾手持“撼龙鞭”，企图将别处的山脉移至水口，却未能如愿。流坑人又能怎样？植树或许是最便捷的办法，十年树木，浓荫遮日。现在尚能看到东北面和西北水口的江对岸，各有一片明代后期流坑先民栽培的风水林，分别称作“佛来洲”和“白茅洲”。洲上古樟苍枝交柯，秀梢摇翠，连绵十余里，掩映着乌江之水向西北牛田流去。

笃信风水的流坑人，对风水的营造可谓登峰造极。在南入水口，流坑人营建了一座三官殿，是双层重檐的砖木结构建筑，一层供奉赐福的天官、赦罪的地官和解厄的水官，二层供奉魁星。“魁星居高阁，名扬东县；香烛供前龛，光映流溪。”类似的风水建筑我在金溪竹桥也看到过，似乎只有神灵才能把持水口。而所谓“二龙并落，三水夹行，雌雄交媾”，既有自然风水，也有人造风水。“二龙”自然是指山形，这种“雌雄交媾”所赋予生殖气息的山形，并非随处可见。“三水”是指村东的乌江，村西的人工湖以及西山脚下的溪水。三水中的人工湖则是极佳的一处风水之作，本是河谷之地，地势低洼，从入水口开挖龙湖连通乌江，其利颇多，一则开挖取土，填平洼地，疏导沟溪，完善村庄的排水系统；二则为流坑日后开启农商时代预备着一个绝好的藏竹木排的避风港。

风水照耀着流坑人的心灵，在村庄千年记忆中，它怒放着生生不息的自然伦理的光华。其实，营造风水的过程，又何尝不是磨砺人们心性的过程？

心灵的流坑

一条小巷，留住明清两个朝代的时空。

流坑的这一处遗存让我流连忘返。分属明清的两幢建筑比肩而立，中间只容得一人通过，砖砌的套路烙印了朝代的特征。穿越明清时光隧道，仰望一线蔚蓝天空，心里便有了久远时空清脆的回响。

· 流坑古巷

· 古巷一线天

流坑跨越千年，但留下的建筑最多不过五百年，还有五百年的时空消失在这一片河滩上。我去过江西许多古村，基本上看不到明朝以前的建筑，或许是南方气候潮湿，房屋经不起岁月侵蚀。但较为客观的原因是，明代以后民间富商增多，聚落建筑更为讲究，也更为牢固。就像各地的城墙，明以前都是土筑城墙，到了明代改为砖筑城墙，保留至今的多数也是明城墙。更深层次的原因则是，明代资本主义萌芽催生了赣商，以家族为团队的江右商帮依托赣江及其支流，把品种繁多的出产销往大江南北。在拥有财富之后，众多赣商回到家乡盖屋置田，这才有了一个个文化记忆强的古老村落。

流坑自然也不例外。大约从明朝中期开始，枕着乌江酣睡的流坑醒了，人们立足本地资源，依托乌江贩运木竹，这种最原始的贸易让流坑获得了巨大的利益。原来眼前流过的乌江就是取之不尽的财富，这样的认识虽然不是对于先前的否定，但对于流坑，似乎只有在经历了腥风血雨洗礼之后才能做出这样的选择。从耕读走向商读，无论如何都是这个家族繁衍史上的进步。

两宋时期秉承耕读传家的流坑改弦更张，并非士子们改变了心性。到了元代，曾让流坑引以为豪的科举业衰微不振，在近百年的时间里，流坑董氏仅出了一名举人。这其中的原因虽然复杂，但流坑人因时而变、因势而动的作为，表现出董氏积极的生存逻辑，或许这是深藏于流坑人心里永不更改的精神元素。

在村史馆，流坑女导游讲述夫家经历的百年浩劫，一如背书，百年往事漫不经心一页而过。公元1276年，元军攻陷乐安，流坑惨遭烧杀抢掠。两宋时期繁花似锦的流坑，由此步入百年动荡。

公元1352年（至正十二年），红巾军攻入乐安，摧毁县署和学宫，地方武装纷起抗争，乐安境内烽烟四起，并逐渐升级为家族之间的仇杀。公元1356年（至正十六年）春，乐安县夏普率领的武装围攻流坑，同宗丁源董氏外援流坑，死伤惨重，返家途中，在白石岭又遭夏普埋伏，死伤过半。这便是流坑史上惨痛的“丙申之难”。经历这一次惨祸，流坑董氏元气大伤，族人四处逃散，颠沛流离，村落衰败，田园荒芜。公元1365年（至正二十五年），朱元璋平定江西后，饱经离乱之苦的董氏族人陆续返回流坑。

一个历经百年动荡的家族，如果没有共同的信仰，无论如何也走不到一起。人们记起风水大师杨筠松留给流坑的谶言：“五百年中犹解败，辛戌水流大。若见水流庚，依旧好流坑。”在人们心里，似乎百年浩劫都是风水的遭遇。培蓄洲林，扎紧“鱼袋”，守住水口，一如他们的祖先虔诚。历经百年浩劫，没有颠覆流坑风水的信仰。

心灵的指向如明灯照耀村庄，无论在什么样的情况下，村庄都保持着惊人的修复力。遇到阳光雨露，村庄的成长超乎人们的想象。

进入明代，流坑的底蕴显露出无与伦比的魅力。国家初创，正是用人之际，流坑多人以军功入仕，又有多人以通经儒士进京受职，虽然有明一朝流坑董氏只出了2名进士、4名举人、20多名贡生，但获得科名官职者仍有60多人。两宋时期的雄风不再，可精神向往依然不改。到万历年间，董氏共有书院、书屋28处，人文纪念性建筑如五桂坊、状元楼、文武魁元坊等33处。星罗棋布的文化设施，如春风抚慰流坑百年伤痛，也给复苏中的流坑增添了万千气象。

族谱与宗祠是联结族人的纽带，也是重整家园、再振族业须臾不可放松的两件大事。公元1396年（洪武二十九年），流坑董氏从宁都购回因“丙申之难”散失的族谱，首建宗祠于杏林之墟。公元1524年（嘉靖三年），流坑人另择陌兰洲改建大宗祠。不幸的是，公元1561年（嘉靖四十年），大宗祠又被闽广钟凌秀农民军焚毁，族谱又散失。公元1563年（嘉靖四十二年），刑部郎中董燧致仕回乡，这一年他六十三岁。董燧回乡后，建宗祠，修族谱，规划村庄，这三件事做完，流坑再次在复兴的道路上奔跑起来。

两宋时期，流坑人因科举扬名立万，为家族赢得了荣耀。明清两代，流坑人却因经商富甲吉、抚两州。到清初，流坑人把持的“木纲会”几乎垄断了乌江上的木竹贸易，流坑的强势让水南不满。水南是乌江下游一个重要的街市，在长达二百年的贸易战中，水南对流坑虽多有掣肘，但后者生意仍然越做越大。最后的抢滩战发生在晚清，流坑人选择牛田培植自己的街市，极力招徕县内外商人前来开设店号，并以公产投入了多家店铺，使得牛田很快繁荣起来。而原本繁荣的水南则逐渐衰落，变成一个寂寥的村落。在这个过程中，足见流坑家族的强大。

我在流坑行走，人们仍然念念不忘董燧当年的作为。董燧倡集族人在原址上重建宗祠。新建的董氏宗祠“标坊坦道，重门翼庑，幽室崇堂，叠库层楼，肃斋净庐，绕垣绳巷”，巍然壮观。可惜我只能凭着这样的描述去想象了。据说，董氏宗祠在光绪年间还有一次较大规模的重修，最终这座威武堂皇的大宗祠，在民国时被孙传芳的一把大火烧毁。在宗祠的遗址上，我看到“敦睦堂”上残留的

· 董氏宗祠遗址

五根花岗岩石柱巍然肃立，傲视苍穹，幸存的一对红石巨狮昂首相视，雄风犹在。这一切，似乎都在昭示一个家族百折不挠的风骨。

董燧主持族谱重修，为了强化宗祠治理，一方面建组织、置族产、设学田以完善设施，另一方面立族规、兴奖罚、重教化以完善管理。在董燧故居前，女导游讲述了董燧自罚的故事。说的是，族规虽颁布，却难以成为村庄人们的自觉行为。有一天，董燧故意将自家的牛放到地里吃庄稼，然后对自己实行处罚。族人看到董燧的认真，从此时时处处以族规为行动指南，不敢稍纵自我。这则故事女导游讲得轻巧，但我听来却十分感动。这样的乡绅治理在今天依然有着积极意义。

董燧主持村庄规划，整治村容。流坑整体布局依照城邑的里坊制，村中的内湖将村盘分为东西两部分，主体区域东部以“七横一竖”为主框架，七条横巷为东西走向，从南到北依次为上巷、闯家巷、明经巷、墟上巷、贤伯巷、中巷、隆巷。南北走向的竖巷称沙上巷，与七条横巷的西端相连接，互为贯通。在每条大巷的巷头均建有关启、防御功能的望楼，巷尾建有巷门。七条横巷的东口直对江岸，与码头相呼应，河风能顺畅入巷，使村中空气清新。卵石铺就的巷道，麻条石覆盖的排水沟。在龙湖的西沿建有南北向街巷一条，沿街屋宇多为货店、米铺和药房。街北有棋盘街，南北两侧五桂坊、锦衣坊相对而建，西侧矗立状元楼。徐霞客在他的游记中写道：“其处阛阓纵横，是为万家之市，而董氏为巨姓，有五桂坊焉。”可见当时流坑之繁荣。

董燧是复兴流坑的关键人物。他的故居在中巷北侧，宅第前辟大门廊，门前立圆雕红石狮一对，门楣上悬挂“理学名家”匾，为明代太子少保、吏部尚书曾同亨所书，其书端庄丰润，洒脱劲秀。门廊正前方为影壁式砖坊，上刻“高明广大”和“文章辉列宿，冠冕重南洲”匾联，为吉水状元罗洪先所书，端正劲秀，尤有柳体风骨。在他的故居前，我想象着这个可爱的老头儿。

其实，流坑董氏不仅有董燧这样为家族担当的人，也有很多为家庭担当的人。“丙申之难”中逃离流坑的董氏十七代董奉高，携幼子正一辗转光州、黄州，最后定居麻城白杲，成为流坑外迁董氏中最著名的一支。约六百年后，麻城董氏（后董级又迁居红安）出了董必武，他是中共一大代表，中华人民共和国开国元勋。

青史留名与光宗耀祖是中国传统文化中最具积极意义的文化标尺，中国人成长的原动力是对家庭的担当，它推动中华民族无论在什么样的情况下，都能生成积极向上的发展机理。

雕饰的流坑

中国传统村落大概不能少了雕饰。雕饰是一种现实版的艺术，门类极其广泛，包括木雕、石雕、砖雕，在雕饰手法上包括浮雕和透雕，呈现在门楣、照壁、梁柱、天花、藻井、窗棂、槅扇（即隔扇）上，营造出一种富丽堂皇、绵长浓郁的传统文化氛围。

我走过很多古老村落，流坑的雕饰不是最精美的，但最有内涵，它让我感知心灵的希冀和生命的向往。中国古典版乡村，在泥土的洗礼中雕饰生活，这样的创意，对村庄的人们无疑是一种浸润。

流坑门楣上的饰物相对简单，不如我看到的一些古村繁复，只一枚傩像挂在古宅大门正上方，形态怪异，面目狰狞。傩像是流坑独特的饰物，以木雕或泥雕制成，技艺精湛。傩像与流坑的傩舞有关。公元1256年，董敦逸被南宋朝廷派往契丹，尔后把这一民俗带进了流坑。而傩面则派上了镇宅之用。在建筑的外相，流坑的雕饰似乎更讲究实用，因而大门上一般只绘制一对门神，与挂在大门上方的傩像一起用作驱邪祈福。我看到建于清乾隆时期的存仁堂两扇大门上的彩绘门神，历经沧桑岁月，仍色彩鲜明。

流坑古宅的内部装饰丰富，集中在天井部的木质构架、槅扇和顶棚。天井部构架上多有木雕装饰，如支撑柱梁枋间的斜掌，常以立体雕成奔鹿、杂耍人物和狮子戏球等形体，插入柱身上托梁枋的雀替，也常以立体雕成翔凤、鳌鱼和花卉等形体，有的还雕成整体梁垫，既体现各自的功能，又美观，并被赋予吉祥的寓意。槅扇上部的槅心、槅心与裙板之间的绦环板常是装饰的重点，槅心多以棂条组成各种图案，有的还嵌入透雕成的花卉、楼阁、人物等形体装饰物件，有的槅心呈拼合锦式图案。绦环板上则多以高浮雕或立体透雕成花卉、禽兽和人物故事等图案装饰，形态各异，神采飞扬，极富寓意。天花即建筑的顶棚，藻井是天花向上凹进形如穹隆状的部分，有方形、圆形、六角形和八角形等。天花不仅有防尘、挡风、隔热和保暖的作用，而且是表现建筑艺术的重要部位。在流坑不少古建筑的堂、阁、楼、亭等顶棚上，遍布彩画和墨书，色彩斑斓。不少建筑的顶棚上还设置藻井，以木雕和彩画装饰得富丽堂皇。岁月已经老去，可那画依旧在斑驳的时空中熠熠生辉。

· 古民居挹庚门

存仁堂为清乾隆时期的建筑，其临天井檐部的轩棚天花，用深色衬底，以色调对比明朗的圆形、方形，内有彩绘云龙、山水、花鸟、楼阁等图十多幅，色泽清新，华美而不繁缛。振卿祠上堂顶棚临天井檐部遍绘彩画，在花卉、卷草纹等图案的衬底中，作方、圆、扇等形开光，以麒麟、人物、喜鹊、奔鹿、游鱼、蝴蝶、蜻蜓、树木等为题材，在各形的开光内绘制寓意丰富、风格明快的多幅彩画，色泽鲜艳，给人以古雅而热闹的感受。

作为一个耕读世族，楹联自然是流坑最丰盈的饰物。在流坑行走，我常常被这些写着仁义道德、已经斑驳的文字吸引，在辨认和吟诵中，我便寻得几许精神上的归依。仁让堂是祭祀董氏三世祖董文晃的祠堂，中堂楹联为永丰状元刘绎撰写："仁静知流钟地脉，卜世卜年，至今乔木蟠根，吉壤千秋传古迹；让水廉泉近邻居，征文征献，重与枌榆话旧，恩江一道共来源。"木制的长275厘米、宽33厘米的弧面抱柱联，淡灰白银底，字阴刻染黑，清晰庄重。

・古民居楹联之一

· 古民居楹联之二

流坑有许多摆在建筑里的饰物。彩瓷诗画挂屏是挂于客厅和书房的装饰。为一套四块，每块宽65厘米、高40厘米，每块板面以人物、花卉、书法三幅图案组合，人物、花卉、书法分别由彩色瓷、青花瓷、白瓷制成，镶嵌在木质底板平面中。白瓷字为行草书，内容为杜甫《饮中八仙歌》诗中的四句：“李白斗酒诗百篇，长安市上酒家眠。天子呼来不上船，自称臣是酒中仙。”每块一句，以诗的顺序排列，画面上人物、花卉与诗的内容吻合成趣。三种瓷色搭配协调，对比明朗，赏心悦目。

木雕围屏是摆放在厅堂香案上的装饰。为一套八块相连，每块宽度16厘米，中间两块等高，为66厘米，两侧各有三块，其高度以8厘米递减，展开后成一件中间高两边低而对称的屏风式木雕工艺制品。两边最低的两块上下分成三格，其余六块分成四格，每格周边以立体线装饰，内以高浮雕手法，主要表现楼台亭阁，其中人物形态各异，体现了一种富贵豪华、舒适闲逸的生活风貌。间以戏剧人物故事和花卉图案相衬托，使画面主题更加突出。朱红边框，棂条曲线装饰，大红衬底，图线描金，流光溢彩，精美雅致。

木雕“魁星点斗”形体似人，向左侧身，垂耳、尖顶帽、面左侧仰，眼睛圆睁视前方。左手托斗紧贴腹部，右手曲举持笔指前方。腰系长带，两端下垂至足根。左脚蹬直，右脚向后弯曲，立于一木雕龙盘台座上。魁星与台座为红色，面目怪异而威严。魁星信仰是科举的产物。在科举氛围浓郁的流坑，祀奉魁星极为盛行，不仅有专门祀奉魁星的场所，而且在不少建筑的墙面、门楣上都绘有魁星。在流坑傩舞中，有一个剧目就是《魁星点斗》。

神龛是供奉祖先牌位的庄严之所。梅所先生祠的神龛形制如同一座木制牌楼，精美的木雕装饰，朱漆描金，浮光溢彩，气派壮观，在构架恢宏、堂制森严的祠堂中，营造出一种庄重肃穆和深邃神秘的氛围。住宅中的神龛多数为敞口式和台阁式，以高浮雕法雕成各种人物，形态各异，精美雅丽。

·古民居照壁

让我流连忘返的是尚义门的砖雕，我多次听流坑的导游解说砖雕所表达的意象，我仔细听、用心悟这个构图复杂的砖雕所包容的多种意象，仿佛已经窥见古宅主人美好的心灵向往。两边砖刻联：“门对九天红日，路通万里青云。”前堂天井影壁，上方砖刻“正大光明”，为罗汝芳题，端庄劲秀，典雅和美。柱刻联云：“百计但存阴骘好，万般惟有善根长。”中幅描绘的是子孙进取的光明大道：右上部一对凤凰交尾立于山石之上，掩映在梧桐树之下，仰望祥云环绕的太阳。左边大部分留白处依次从容摆着雀、鹿、蜂、猴四种动物，构成丹凤朝阳及爵禄封侯图。下方翠竹数枝，一对仙鹤安然自得，这样的结局自然是人间喜剧。左幅描绘的是富贵之家：芙蓉花开，牡丹花艳，配以喜鹊梅枝，构成喜上眉梢图。群雉戏谑，寓意家庭成员和睦亲善，共享富贵。右幅描绘的是春夏秋冬：春竹、夏荷、秋菊、冬梅。其中夏荷放于中间位置，造成三种意象——小荷才露尖尖角、荷花盛开、结子之时，寓意连升三级，表达了士子对美好前景的憧憬。

尚义门是清代中期的建筑，古宅的主人董国举生于1529年，他是流坑历史上著名的儒商善士，至今村里还流传着“惯贼作歹遇国举，脱胎换骨做新人”以及“两县富翁竞修路，国举美名传四方”的佳话。他的人生价值选择以及对未来的憧憬，全部融入了这三块影壁之上。为表达家族梦想，董国举选择砖雕的方式，似乎比文字更有韵味。

我一直在想，浸润在雕饰环境中的人们会有一种怎样的感悟，他们的心灵会是一种怎样的境界呢？依托老宅存在的文化是多彩的，它在人们心中刻录的印记是永远的，而其价值甚至超越了建筑本身。

温暖原乡

竹桥给我视觉上的新奇滋养着心灵。

比如门楼这种建筑，在古村落中司空见惯，但竹桥的门楼纵深四进，除了进出村庄的总门楼，村庄里面还有上门楼、中门楼和下门楼。说是门楼，其实并不都是楼，不过是一个总的称谓，按实际建法可分为门楼、门坊、门屋等几类。总门楼是一个三开间的硬山门屋，而上门楼、中门楼和下门楼则是典型的门坊式建筑。我在江西很多地方见过这种门坊式门楼，但从未见过如此之多的门楼格局。不知道是别的地方损毁严重，还是本来就没有如此完整？

· 竹桥进村门楼

· 竹桥古井供奉井神

门楼与村墙构成的堡垒，层层包裹整个家族的烟火和人气。像是为防御做出的安排，水井却布置在门楼之外，似乎有悖常理。其实古人的心思不难揣测，一方面一心塑造家族的完整，另一方面还需要表达冥冥中的向往。“泉”，古音与“钱”谐，门楼前年头最久的那口方井被青石条板护栏围住，俨然一枚铜钱。如此寓意，象征财富的井泉则被日复一日挑进门楼。此井设有神龛，以祭祀井神。我才知道，对财富的向往还可以如此表达。

竹桥提供的明清古村落范式让我耳目一新。总门楼前平畴万顷，溪渠回环，视野开阔，依稀可见远案崇麓岭、近案黄婆岗。村中水塘八方，中间一方似弯月，形成七星伴月之象。四进门楼贯穿村落纵深，巷弄曲折，层次多变，有迂回不尽之感。村庄布局如此精心，显然是堪舆家的作品。竹桥先人对此甚为满意，有诗赞曰：

山环水抱画图中，托地开基论祖功。
百亩桑麻千亩稻，万家灯火一家风。
须知守旧存忠厚，亦能维新说异同。
世代衣冠常簇簇，云天极目仰文隆。

竹桥余氏于元代中后期开基，至今有近700年历史。现存明清建筑109幢，其中明代民居7幢、祠堂1幢。代表性民居建筑主要有文林第、十家弄、八家弄，三组建筑群均设有总门、巷门、大门，各有并列四五幢相同的房屋，房屋之间耳门相通，雨天来往不会湿脚。房子墙裙多由三四层青石板砌接而成，据说是防止盗贼打洞。屋内花格窗棂，方砖铺地，简朴大方。年代最远的文隆公祠建于明代，祭祀竹桥始祖余文隆。门面素净，祠堂内株树大柱，红石巨磉，简洁浑朴。传说朱元璋立洪武年号，民间盛行用

· 竹桥余氏宗祠

·竹桥古巷

株（朱）树为柱，红（洪）石为磉。这一文化现象在临川文化圈民居建筑中表现得非常充分。

明代建筑舒展开朗，庄重大方，弥漫着一种令人肃然起敬的艺术气韵。人们说竹桥古村落好，好在荒凉，好在慷慨，好在一点儿都不矫情。这样的状态，是一种质朴的雅致、低调的奢华，或许这就是竹桥不同于别的古村的地方。竹桥的美恰恰是这些质朴建筑中所表达的精神意象。

另一种高墙大屋也是临川文化圈民居独有的形态，四面等高的墙表面平整不假装饰，如一个方方正正的盒子，让我感到分外新奇。原本为防火设计的高墙包裹了屋顶，看不到雨水的流向，但我知道这一屋顶的雨水悉数落进了大屋天井。引导我考察古村的吴定安老先生原是金溪县文物管理所所长，对金溪乡土文化最有研究。他好像跟我说过，方方正正的房子，方方正正的人品，

· 竹桥古建筑方形大屋

岁月悠悠，走过方方正正的人生。他说话时我没太在意，后来记起来又不太真切了。但我能感受到这方正之间凸显着精神。

总门楼前石栏围砌的三口古井，都是四方禾斛井，呈“品”字形排列，可同时供几人打水。根据柱石碑文记载，三口井并非同时挖掘，一口建于1682年（康熙二十一年），另一口建于1746年（乾隆十一年），还有一口建于1843年（道光二十三年）。余氏族谱记载：

> 旧有二井，一名剑井，一名新井。道光二十三年天旱，四月未雨，又开一井，亦名新井，自是三井品立，亦先人心计也。农民睹之，知为人邪正，固有品级之分；士人睹之，知贫可守，而品不可坏也；商贾睹之，知当忠王仕事，品德不谬也。

· 竹桥中门楼地面铺砌“本”字

一个精神产品历经百余年，这样的生产过程与其说是智慧的结晶，还不如说是文化的积淀。

中门楼前青石板地面铺砌成一个大大的“本”字，门楼后铺砌一个“人”字，门外的“本”字自然是本分周到，而进门看到的“人”字颇费思量。有人解读为以人为本，我以为这是一种误读，在以君王为本的古代社会，本分的竹桥人断然不会生发人本论的遐想。在竹桥我看到的楹联很少，这与我在吉安看到的景况大相径庭，仅步云公祠两侧门楣上题写“居仁”和“由义”，可见儒家文化对竹桥浸润之深。如果说“本”字是做人的原则，那么“品”字则是做人的境界，而这个“人”字正是做人的基点。走出去守本，走回来是人，竹桥先人对子孙的教诲，只字片言胜过洋洋万言，让人无法忘怀。

竹桥自古经商者多，余氏族谱记载：“吾邑多山少田，人生十五后服贾四方，远者万里，近者千里。”大概也是资源缺乏，生存所逼。竹桥人经商秉承“为人居心必厚，厚则根深本自固，而枝叶自盛”的理念，竹桥商人热心助人，捐资助国，余钟祥捐巨资资助朝廷军饷，三代诰封四品朝议大夫衔，这种荣耀岂是科举轻易可取？所以竹桥人弃学经商者多。

我在考察古村中突然发现，今天我们看到的古村基本是商人的故地，如果没有这些商人，那么古村落还能留下多少？实际上，明代资本主义萌芽对中国的影响还是很大的，至少农本思想在那时已经受到冲击，很多农民把地租出去，自己出外经商。农民变成商人，一方面是生存所逼，另一方面也是向往美好生活的精神诱导。

让人匪夷所思的是，经营文化曾是竹桥的财富来源。有资料证实，竹桥人开金溪本土卖书之风，康乾时期就在全国做卖书生意。余德昭在北京开书肆，“收罗古籍，兼理金溪嘉会试馆事”。余仰峰少时随父在外贩卖书籍，后来回家开印书房，“刊书牌置局于里门，昼则躬耕于南亩，暮则肆力于书局，以刻书鬻书为业”。金溪是古代雕版印书的中心之一，而竹桥人则开创了金溪雕版印书的先河。养正山房和苍岚山房这两幢过去雕版印刷的作坊，见证了那一时期竹桥的辉煌。

为数不多的做官者中有一个余为霖（1632—1700），曾在山东、四川做过知县。其父余振之是个乡下教书匠，他嘱咐儿子，“做好官，兴大利，除大害”，“苟利民生，害身岂惜？”。曾祖母文氏二十九岁守寡，嘉靖三十年（1551）村里来了土匪，文氏携幼子逃进山里避难，不巧遇上土匪。文氏以身遮蔽儿子，说“杀了我，放了我儿子，为我夫家续一点血脉”。儿子兆文从母亲身后跳出来，跪在土匪跟前求告，“放了我母亲，我愿替母亲死”。土匪首领说，母慈子孝，犯之不祥。遂率众离去。乡人得以保全。兆文长大后从事贩书业，获利甚丰，家境渐裕。文氏守志六十八年，到九十七岁临终前，命儿子兆文把乡人借券付之一炬，才安详离世。遥远时空的记忆凝固成温暖的片段，唯精神可以联结。

竹桥的老屋没有被遗弃，大多数人仍然住在祖先留下的老屋里，竹桥感动我的是那颗藏在老屋里的心。

俗成沧溪

位于赣皖交界的杨村河静若处子，它以千年不变的姿态向西流淌，水草绿了又枯枯了又绿，时光把这山野中的土地浇灌得肥美。翠绿的植被，摇曳的竹林，古老的银杏、红豆杉、三角枫、香樟，把这僻静乡野装点得千姿百态。“茂林修竹相映美，河水萦带胜江漓。”村庄记忆里的原生态堪比漓江的旖旎风光。

北宋初年，杨村河以丰满的水乡情调接纳了沧溪朱氏先祖。因为朱氏沧字辈迁入，杨村河更名沧溪。此后千年，沧溪既是河名，也是村名。人住河岸，山水相依，千年过往写在村庄建筑以及挥洒汗水的土地上，让这条注入祖先性格的河溪在通往昌河、瓷都的路上越走越宽。

早春二月，未见破芽新绿，但是河岸上的风景日渐柔和，湿地里的一棵枯树裸着躯干不屈地迎着风，似乎在等待春的消息。站在河岸，品味沧溪八景“双龙戏珠壁，仙桥脉左冲；窟尖燕富秀，两水合朝东；畔湖挂春桃，桂岩印月宫；屏坞藏春色，秀丽寓花峰”，却全然没有了古时的风韵。人口如虎口，资源被不断吞噬，原始古朴的风气难以为继。

沿河而建的门宅门楼朝东南坐西北，俗称“张水门楼”，包含纳风水、聚财富的寓意。建于南宋的十字街，正中铺设一米宽的青石板，两侧用大小相同的鹅卵石铺筑各种花色图案。两边的店面在鼎盛时期有100余家，据说过去上街骑在马上可以购物，可见当年商贾云集之繁华。26条巷弄与十字街连接，繁衍的脉络按照建筑的年代在村庄铺展。这些设计讲究的巷弄，有防盗贼的死巷，又有看似死巷、转过门楼又现街道的活巷。73栋保存完好的传统建筑像一张繁衍的地图，标注出沧溪一脉干枝长序。这些明清时期的徽式建筑，沿用封闭式天井院的格局，屋顶坡向天井，集雨水于住宅之内，谓之“四水归堂”。明三间、四合屋、三间穿堂式三种民居建筑形式像一个个印章烙印在沧溪右岸。惠修宅六栋房屋相连相通，石砌防盗脚，内设暗仓地库，各项防御措施齐全，有过街楼相通，街楼设有炮眼孔。房屋高大宏伟，结构严

· 沧溪古民居之一

· 沧溪古民居之二

谨，大门两旁有狮子滚球、三仙石雕图案。大院花阶齐全，屋内均分前后堂天井，石砖铺地，方屋柱，方摆梁，四正四厢，左右为厨房走马楼，各种石雕木雕寓意丰富，显示着主人的富足与豪华。

沧溪民居外简内繁，大方稳重，门罩和门额均有精美的砖雕或石雕，金猴捧仙桃、蝙蝠共双喜、八仙过海、金龟金蛙、花好月圆、狮子滚绣球、鹿含吉祥草、福禄寿三星，都是寓意美好。窗棂和月梁均有复杂精美的雕饰，这些雕刻深受“理学文化”的浸润，表现了主人强烈的内在精神追求。

古老的祠堂建筑是沧溪富有的见证。沧溪村有三大宗祠，每一座都十分精巧堂皇。建于宋代的上村宗祠，以木雕、石砖结构为主，三进两天井，祠堂外东西各有水井，地面多以青石板铺成，祠堂外面尽是同样大小的鹅卵石聚集成的各种图案，对面有戏台；建于明代的中村祠堂又叫“美三公祠”，以石雕、木雕结构为主，两进中间有天井；下村祠堂建于宋代，以木雕、砖雕、石雕为主，建筑规模庞大，豪华整齐，三进四门两天井，地面多以石板铺成，两边各有走廊，祠堂前面有花园，两边是操场。从三大祠堂的规模、装饰足见昔日的辉煌。

・沧溪残败的朱氏宗祠

・朱氏祠堂前的家训

矗立村头的蜚英坊是沧溪最有个性的标志性建筑。这座建于公元1520年（明正德十五年）的砖砌牌坊，为“四柱三间五楼”建筑形式，中间分三段铺设平台式青石踏步，牌楼正反两面饰以砖雕，牌坊前有一口半月形池塘，塘边植有两棵柳树。故曰“一排垂柳半月塘，三步金阶五凤楼”。牌坊是举人朱韶为纪念南宋理学家朱宏而建，题额“蜚英坊”，“蜚”古时通“飞”，“蜚英”为英名远播的意思，这说明朱宏名气不小。族谱记载，朱宏少时聪颖，苦读圣贤书，成年后放弃科举考试，步入中年后隐居故里，一边教授村童，一边著书立说。他日记数千言，洞彻子史，出入百家，精研义理，著有《礼编》《四书图考》《六经礼仪》《有信论异》《惠绥集》等多部著作。垂危之时，朱宏告诫伺候于榻前的儿子说：“我死后，葬礼按规定的礼仪办。”难怪同时代大思想家朱熹称朱宏为“克己先生”。沧溪人说朱宏古板，不事张扬，加上他隐居村野，不然其成就足以与朱熹比肩。南宋时，沧溪建有一座理学祠，牌坊上有理宗皇帝亲笔御书“理学”二字。赞词流传至今：“理学当年并紫阳，立言垂训累篇章。异端排斥明吾道，四礼修成整大纲。集修敦行崇孝悌，从由听讲尽冠裳。至今千古长辉映，朱子亲铭克己堂。”“宋代名儒众所宗，明时俎豆在黉宫。六经著却星云灿，千载斯文羽翼功。家训云仍虔世后，遗篇学士竞尊崇。春犒秋飨灵如在，不尽追思献奠终。”由此看来，沧溪的理学氛围的确很浓。二百多年间，沧溪完成了从结庐而居到村庄铸魂的过程，这样的变化令人惊叹。

· 蜚英坊

沧溪朱氏先祖是西汉会稽太守朱买臣。朱买臣是一个历史人物，也是一个戏剧人物。古典小说《西汉演义》和京剧《马前泼水》都讲了朱买臣的故事。川剧《马前泼水》演绎了一个生动而悲情的故事：朱买臣自幼家贫，卖薪自给，苦读求仕，却连续两科六年未考中。妻子崔巧凤不满艰苦日子，酒后强逼丈夫写下“休书”，朱买臣愤极出走。崔氏清醒之后非常后悔，日子过得极为孤独，但她还是拒绝多家求婚。两年后，朱买臣得中“探花”，衣锦还乡。崔氏马前迎夫，朱买臣怨恨崔氏无情，挥动马鞭打翻崔氏端在手上的盆，并要她收起覆水，崔氏绝望而去。朱买臣回到故居茅屋，思前想后，大彻大悟，决定“认妻”。可是崔氏已投水而亡。朱买臣追悔莫及，虽然给了崔氏凤冠霞帔，但实难抚平他心中悔意。

朱买臣死后被葬在浙江南溪，其子孙由浙江迁至安徽篁墩。唐末朱迁一脉从篁墩迁居浮梁朱家营。浮梁县旧志记载，僖宗乾符年间，朱迁奉旨率部追剿起义军，屯兵浮梁朱家营。相传朱迁战死沙场，起义军砍下他的头颅，尸体被朱迁的战马驮回老家。朱迁辞世，朱家营根基不稳，风雨飘摇，一个家族的苦难历程由此开篇。女主人整日以泪洗面，一为丈夫死得惨烈而伤心，二为这个家庭的未来而焦虑。谁也不知道这个家族的繁衍去向何方。

在我寻访过的很多传统族居村落中，兄弟分庄是一件再正常不过的事情，只是我一直找不到兄弟分庄的理由。我曾想，或许族群繁衍到一定程度，资源禀赋满足不了生存需要，兄弟就只能分庄，走出去寻找合适的地方繁衍。去过沧溪之后，我感到自己的想法似乎是历史的真实。沧溪族谱记载，宋初朱氏七子陆续从朱家营迁出，定居在与浮梁和乐平相距不远的地方。有意思的是，他们沿溪建村，成为明溪、沧溪、锦溪、汝溪、流溪、樵溪和横溪始祖。每年清明，各溪子孙乘船聚集朱家营举行大祭，场面壮观，祭拜活动延续到清末民初。

人们知道民间有装穷叫苦的说法，却不知道民间有哭穷的习俗。关于这个习俗的形成以及它在民间的表现形式，我并未见过相应的记载。正月初五“送穷”是我国古代民间的岁时风俗，其意就是祭送穷鬼（穷神）。位列“唐宋八大家”之首的韩愈写过《送穷文》。韩愈三岁而孤，受兄嫂抚育，早年流离困顿，最知民间疾苦。他模仿扬雄《逐贫赋》的写法，借主人与“智穷”“学穷”“文穷”“命穷”“交穷”五鬼的对话，以幽默嘲讽的笔调描绘自己“君子固穷”的个性和形象，抨击庸俗的人情世态，抒发内心的忧愤。文章开头写主人一本正经地恭送穷鬼离去。随后，作者叙述自己不当穷而穷的意蕴，借穷鬼与自己的对话来抒发内心的郁闷、不平。最后出人意料地以“留穷”作结。

关于哭穷的风俗，吉安市文化广播新闻出版局调研员、井冈山大学兼职教授、地方文化学者刘宗彬如是说：

> 哭穷的习俗由来已久。旧时哭穷，是有歌辞的。家境举步维艰，生育儿女多，嗷嗷待哺，却无力供养，又不忍心看着孩子受饥饿，于是只好将儿女送人。孩子是父母的骨肉，离别之际，难免伤心。十月怀胎，生产痛苦，怎奈

一送了之？送子是为保全孩子成人，不至于饥寒而死，但毕竟不太体面。做父母的无能，叫叫穷，是为了得到邻居亲友的同情和理解，哭穷习俗应运而生。

早在唐代以前，已有送穷之俗。韩愈曾作《送穷文》，到了后世成了送穷鬼节，节日大多在正月。送穷与哭穷是同样的风俗习惯。作为单体的个人或家庭，贫穷是一件可怕的事。贫穷得可怕，才产生送穷习俗。瞿秋白出生在一个世家大族里，父亲瞿世玮是一个著名的画家，年轻时不治产业，与夫人金璇生了六子三女，靠做官的伯父瞿世琥接济。世琥去世，断了经济来源，瞿秋白一家生活无着落，受尽族人白眼冷遇。金璇因穷而自杀，年仅四十一岁。穷，可怕到去寻死，不计后果。

在民间，更多的穷人家选择哭穷。一大堆男孩，别说养活成人，成人了更可怕，建房婚娶，没有家产能让儿子立足。作为母亲，感到羞耻，哭吧，哭出一大堆理由来，让儿子有理由做上门女婿，而不生出对父母的恨意。

哭穷催生了中国古代人口分蘖析居的传统，这种看似不近情理的逻辑，实际上在一定程度上推动了人口的自由迁徙，缓解了区域人口与资源之间的矛盾，实现了中国版图人口的平衡。人类繁衍自觉任何时候都可以超越制度自觉。这无疑是人类的一种本能，但同时也是一种文化。只有文化的自觉才能形成一种顺乎自然的逻辑，生成一种内在的动力。

第五章／良知启蒙

儒家文化的深刻内涵以匾额和楹联的方式，布置在村庄的祠堂、民居和牌坊上。行走乡村，儒家文化已然深植于中国人的日常生活中。

水木清华

阴天，燕坊古村的青砖黛瓦没有色彩，时间的香气在红石雕刻的门楣上飘散。寻着这香气，在逼仄的小巷穿行，不停地仰头端详，许多人物故事、花鸟虫鱼、山水瑞兽或真或幻或简或繁，书卷式印章式排列，十分豪华，刀琢的功夫凝聚日月光华，楚楚动人。

· 燕坊房檐下的精美浮雕

· 燕坊丰富多彩的门楣石刻

· 丰富多彩的门楣石刻

并不鲜见的府第牌坊，宽大高耸，门楣两侧雕饰繁复，图案精美，栩栩如生，门楣之上层层叠叠翘角飞檐，寓意丰富，彰显霸气。或曰“字水潆洄”，或曰“青阳绚彩”，或曰“水木清华”，让人迷惑于这村庄的心气。据说还有不少牌坊被毁，我想，这牌坊的记忆是否长进村庄的心里？

· “字水潆洄”牌坊

漂亮的村庄有山有水，借水而灵动，靠山而俊俏。水在村中，一眼眼水塘星罗棋布相互连接，流水澄澈，明镜一样映照村庄。山在村后，郁郁葱葱的樟树林从村头延续到村尾，翠绿屏蔽了一个村庄。还有广袤的田野横陈村前，时令的印象如村庄贴肤。一个多姓聚居的村落，用几百年的时间共同造就了这一方令人魂牵梦绕的家园。

燕坊原名鄢家坊，因鄢姓最早发端而得名。据说后来土改干部识字不多，嫌“鄢”字难写，故改作“燕坊”。燕坊人勤劳聪慧，靠着赣江淘金拥有了经商的资本，明清时期，商行和钱庄开到了湖北、四川，其中鄢氏力诚商号、饶氏宝兴裕商号、王氏王世太商号显赫一时。千年积攒下来的家业经风沐雨，尚能看到保存完好的明清建筑100余处，门类包括民居、宗祠、牌坊、书舍、古井、古桥等。有学者称，燕坊是赣江流域古代商业文明的一个缩影，是一座带有商业特征的古建筑博物馆。

作为标志性建筑，二十幢大院气势恢宏，院内二十幢单体建筑整齐划一，分三排横式排列，总长120米，宽65米，总面积7800平方米。高高的院墙，透窗通风，设在左边的院门是一座小巧俊雅的牌坊，从院门进去，一道道卵石铺面的巷道，把清幽的时光拉得老长，青砖灰瓦垛子墙，把久远的时空郁积于流金溢彩的大屋，让人想象这封闭的世界里曾经的穿梭与欢笑。燕坊富商的家族建筑极尽奢华，财富的意象在这块土地上尽情张扬。

牌坊式豪门大院虽不及二十幢大院气象宏大，表达的却是另一种财富意象。富商们对家族的信仰，以及那个时期燕坊商人们内心的攀比，与官场的青史留名似乎有着异曲同工之妙。明代商业发达，财富理所当然成为身份的象征，商人的价值受到社会的尊重，这样的文化选择也为士子们立身社会洞开了一扇新的大门。牌坊式建筑规制满足了富商们的内心需求。客人造访须走门坊，院子里面有一座雨亭，备有五寸宽的凳子供客人稍事休息，待下人通报主人后方可进屋。“字水潆洄”门坊气势恢宏，红石浮雕和透雕算得上古门坊中的精品。门楣正中雕刻主人迎来送往的场面，翘角处加饰鳌鱼，主人的张扬与霸气，尽在不言中。不幸的是，这一处豪门如今只剩下孤零零的一座牌坊。燕坊村老支书鄢国培退职后在旅游公司做导游，作为土生土长的燕坊人，老鄢的解读融入了一方人对一方水土的深刻理解。他说，“字水潆洄”的“字”不可从字面理解，从字形上看，“字”表示屋里有子，“字水潆洄”寓意子孙满堂，如水流一样繁衍不息代代相传。这样的解读似乎更契合富商的心理。“青阳绚彩”牌坊为四幢院门坊，同样是富商的家族式建筑，却远不及“字水潆洄”牌坊铺张，门柱上的楹联“力则勤而用则俭，居以敬而出以和”，让人油然而生敬意。透过门联，仿佛可以窥见门里富商的修为以及内敛的精神品质。最让人动容的是“水木清华”牌坊，只这四字甚是了得，典出晋代谢叔源的《游西池》，诗云：景昃鸣禽集，水木湛清华。常人只道清华大学清华园中匾额上题写着“水木清华”，谁承想这“水木清华”却落在了村庄的牌坊上。

牌坊前的古井有四百多年历史，古井的外象明显被人巧用匠心，石板条竖在井的中央而分隔成阴阳两半，巷道旁砌一扉弧形

·“水木清华”牌坊旁“忠”字井

矮墙，活脱儿一个“忠”字。据说这是一位冰雪聪明的女子为其爱情打造的标识。爱情的表达在村庄里竟是如此肆意，如此诗意盎然，如此令人向往。水木清华，我们的家园如此可爱。

燕坊有两处以官衔命名的府第，一处是“大夫第”，另一处是“州司马第”。这两座大院建筑年代相近，但风格、气质迥然不同。大夫第描金绘彩，富丽堂皇，厅内摆放长方形楠木香案，香案前设八仙桌和太师椅、茶几，两边厢房的八扇窗花，一扇一个故事，一扇一个传说，繁缛多变，梁上斗枋间雀替木刻鳌鱼，寓意独占鳌头。州司马第似乎融合了衙署及西方建筑的某些元素，房屋虽不及大夫第高大，雕饰也不及大夫第繁复，但设计精巧，设施齐全，更为实用。前院及中院逼仄，后院却非常大，有花园、碾米坊、卫生间，甚至有养猪养鸟的设施。上厅镏金的兰荷菊梅、蝙蝠鹿兽喜鹊，寓意春夏秋冬、福禄寿喜，与大夫第如出一辙。窗棂上五只倒刻的蝙蝠对着门，寓意五福临门。据说州司马第的主人鄢海门没有读过书，但为人讲信用，发家后买了一个州司马的官衔，在家乡建了这幢号称“燕坊故宫”的大院。大夫第主人是谁不见记载，以州司马第主人的情形推断，其主人或许也是商贾大亨。

· 州司马第

· 燕坊大夫第雕饰

让我惊讶的是这两位大亨的书房布置。大夫第书房天眼照壁上作的是《竹林七贤图》，描绘的是魏晋时期文坛七贤阮籍、嵇康、阮咸、山涛、向秀、王戎、刘伶，图上“视履”二字似乎是后加上去的，意思是看到脚下，表明做人做事要脚踏实地。州司马第书房简洁，据说天眼照壁上过去有一幅画，可惜被毁了。但上面“清心仰天”四字依稀可见，让人感佩这商贾之家的儒雅气质。

原本要去看鄢氏宗祠，不巧遇上祠堂里办丧事，导游老鄢建议看王氏祠堂“三槐第”。仔细看匾额上的“槐”字，上面少一撇，下面少一钩，老鄢说少的这一撇是官帽，少的这一钩是钩心斗角。相传燕坊王姓始祖在山西太原割地为王，生有二子，其中一子不愿做官，栽了三棵槐树，立誓永不做官。其后代谨遵祖训，以“三槐第”为堂号以明心志。没想到，燕坊去官化色彩放飞在

·祠堂上的“槐”字少了一撇一钩

·江南最长照壁

这座祠堂上。

家族的源流在不断的迁徙和分合中演绎，所幸燕坊王氏没有丢掉祖先的衣钵。历史上三槐王氏光彩夺目，北宋太宗时，王祐位居兵部侍郎，天下人期待他出任宰相，然而王祐正直不阿，不为当世所容。王祐亲手在庭院里种植了三棵槐树，说他的后世子孙将来一定有位列三公者。大文豪苏轼曾写过一篇脍炙人口的文章《三槐堂铭（并序）》，记述了三槐王氏祖先忠厚仁恕的浩然正气。后人读《三槐堂铭（并序）》有感而发，写下了“忠厚传家远，诗书继世长”的经世楹联。回眸经典，美文可赏。照录苏轼《三槐堂铭（并序）》：

天可必乎？贤者不必贵，仁者不必寿。天不可必乎？仁者必有后。二者将安取衷哉！吾闻之申包胥曰：“人众者胜天，天定亦能胜人。”世之论天者，皆不待其定而求之，故以天为茫茫。善者以怠，恶者以肆，盗跖之寿，孔、颜之厄，此皆天之未定者也。松柏生于山林，其始也困于蓬蒿，厄于牛羊，而其终也，贯四时阅千岁而不改者，其天定也。善恶之报，至于子孙，而其定也久矣。吾以所见所闻所传闻考之，而其可必也审矣。

国之将兴，必有世德之臣，厚施而不食其报，然后其子孙能与守文太平之主共天下之福。故兵部侍郎晋国王公显于汉、周之际，历事太祖、太宗，文武忠孝，天下望以为相，而公卒以直道不容于时。盖尝手植三槐于庭曰：“吾子孙必有为三公者。”已而其子魏国文正公，相真宗皇帝于景德、祥符之间朝廷清明天下无事之时，享其福禄荣名者十有八年。今夫寓物于人，明日而取之，有得有否。而晋公修德于身，责报于天，取必于数十年之后，如持左券，交手相付。吾是以知天之果可必也。

吾不及见魏公，而见其子懿敏公，以直谏事仁宗皇帝，出入侍从将帅三十余年，位不满其德。天将复兴王氏也欤！何其子孙之多贤也。世有以晋公比李栖筠者，其雄才直气，真不相上下，而栖筠之子吉甫，其孙德裕，功名富贵，略与王氏等，而忠信仁厚，不及魏公父子。由此观之，王氏之福盖未艾也。

懿敏公之子巩与吾游，好德而文，以世其家。吾是以录之。铭曰：

呜呼休哉！魏公之业，与槐俱萌。封植之勤，必世乃成。既相真宗，四方砥平。归视其家，槐阴满庭。吾侪小人，朝不及夕。相时射利，皇恤厥德。庶几侥幸，不种而获。不有君子，其何能国？王城之东，晋公所庐。郁郁三槐，惟德之符。呜呼休哉！

燕坊民居中有许多古老家具，保留最多的是古床，几乎每家每户都有，精美的雕刻让人惊奇不已。老年床刻有“福”字和“寿”字，或有回头凤，寓意女儿嫁出去或是媳妇进了门，不忘娘家养育之恩。新婚床刻有麒麟送子、竹节梅花、鱼水荷莲，寓意早生贵子，忠孝贞节。女儿床刻有女抱如意，寓意吉祥如意。最为精美的是三层镂雕的“长寿老年床”，上层为松枝，寓意长命百岁，第二层为牡丹，寓意高贵，第三层硕果累累，鸟满枝头，寓意子孙满堂，喜上眉梢。一张床浸透了人们的期待与梦想。

书写或雕刻于燕坊民居的楹联丰富，吉水县委宣传部陈橹先生一一做了记录，他发给我的楹联超过了一百副。我一一欣赏，

· 复初书舍对联

· 燕坊民房楹联

其中不乏情趣高雅的联句，也有充满哲思励志修身的语句，而更多的是处世传家的信条。读着这些楹联，感慨良多。这个以经商为业的村庄，居然为后人留下了如此多的精神财富。

诗书执礼，孝弟力田。

东阁图书，西园翰墨。

诗书门第，礼乐家风。

积善以致福，明理则合天。

居身不使白玉玷，立志直与青云齐。

进思尽忠退思补过，诚能动物善能养人。

静以修身俭以养德，入则笃行出则友贤。

事到无心皆可惬，人非有品不能闲。

看尽奇观不如书卷，尝来滋味无过菜根。

一生不与人争论，万事何妨我吃亏。

能忍自安知足常乐，群居守口独坐防心。

和气能致一家祥瑞，书声足起万里风云。

忠厚有余留地步，和平无限养天机。

得意琴书皆作友，会心鱼鸟亦亲人。

书帷月满星辰丽，砚沼春融雨露多。

风月一庭为良友，诗书半榻是严师。

欲立根基无如为善，能光门第只有读书。

之所以将部分楹联辑录于此，是因为我在欣赏这些楹联的时候，感到了一种力量传递周身，我期待更多人与我感同身受。

燕坊原本有两所书舍，20世纪八九十年代其中一所改作他用，书舍的遗迹破坏殆尽，另一所“复初书舍”经年太久，垂垂危矣，站在门口尚能看到刻在红石门框上的楹联：学究天人渊源远绍，名登翰阁科第高骞。躯壳没了，灵魂犹在。

燕坊是一所学堂，生活在村庄里的每一个人浸润其中，领受良知启蒙，塑造心灵维度。

渼陂的表达

车到渼陂，雨停了，天空开朗，可以看到云彩。我心里还纳闷，几次去古村，去时或阴或雨，到了古村，天气忽然转好。也许这就是南方的春天。但这样的巧合似乎给我的写作增添了信心。

渼陂这个村庄我并不陌生，渼陂是第二批公布的中国历史文化名村，这个村庄有300多幢保留完好的民国以前的建筑。多年前我来过这儿，进过民居，走过街市，甚至我还能粗略地说出这个村庄繁衍的脉络。

· 渼陂古民居

宋高宗绍兴年间（1131—1162，具体年份无考），渼陂始祖梁从绅因狩猎来到这个水网交织、芦苇丛生的地方。据说是他的宝犬追着一只兔子把他引到了这里，梁从绅忘记了猎物，盯住了这块地方。没过多久，他便偕家眷迁徙到此，繁衍生息。有时候我想，这是一个怎样的人呢？他需要怎样表达他所心仪的地方呢？可惜梁氏族谱对他没有太多的记载，我只能沿着渼陂繁衍的路线追踪一个家族的兴衰。

一百年后，宋理宗宝祐年间（1253—1258），五世祖梁君庸补太学生，授江州教授，成为渼陂建村以来最显赫的读书人。

二百年后，八世祖清甫、才甫、茂甫三兄弟成为渼陂梁氏三堂堂祖。

建村二百年，渼陂似乎还在选择发展道路上踟蹰，人口凋零，村庄凋敝，如此表达充满悲情。自渼陂始祖梁从绅以来，每一代都有几个儿子，但儿孙们似乎并不满意祖先相中的地方，有的离开渼陂另寻出路，有的即便留下来也没有后代，七代中犹如代代单传，村庄的繁衍如此艰难。到了这兄弟仨，渼陂才树立繁衍的恒心，一部家族迁徙史在遥远的时空拨云见日。

渼陂是个好地方，既有富水河从村后北流，又有渼水灌溉千顷良田，且耕且商，条件优越。这兄弟仨终于识得祖先的慧眼，西流的渼水被引入村庄，贯通了28口水塘，神奇地激活了一个村庄。渼陂人说，先祖西疏渼水，点亮了与天对应的二十八星宿。风水信仰长进渼陂人的心里，建房必是朝南，院门朝东，因为村南有芗城山，村东有富水河，渼陂人相信房屋朝南会带来文运，院门朝东会带来财运。而多年以后，村后的富水真正富了一个村庄。

六百年后，渼陂迎来了中兴之日。十八世梁道伸生了四个儿子，显哲、显召、显豪、显吟兄弟四人仿佛横空出世，改写了渼陂村庄的历史。静静的富水河终于成了他们呼风唤雨的美丽港湾，扬帆远航的船队驶进赣江，漂向湘鄂浙沪。“本地货出，外地货进”，长途贩运的经营模式让他们获取了巨大财富。兄弟四人分别以“三义”“达亿”“伟顺”“志成”商号驰骋商场，成为远近闻名的商贾巨头，并被乡人称为“四大家族”。

渼陂古街沿着弯曲的富水河蜿蜒，这条逼仄的古街原本有一百三四十家店铺，“四大家族”占有五成。如今渼陂古街风物依旧，而铺号全无，可是行走在这条街上，顾盼之间似乎还能感受到那个时代翻滚的热力。遥想当年，几十艘满载粮食土产的大船从这里起航驶往省外，然后在这里靠岸，带回洋纱布匹南北杂货，

· 渼陂古街

富水河岸六七个码头终年繁忙，卸货力夫穿行如梭。为了记住这条古街曾经的繁荣，我且记下消失在这条古街上的铺号。

同福祥客栈、长安饭店、平香木器店、杂货店、仁祥米谷庄、仁隆杂货店、钢火铁器发客、大道粮食漕坊、萧玉和粮食漕坊、仁念居杂货店、纸扎店、美孚油糖杂店、大和粮食漕坊、茶馆鸦片烟馆、家福杂货店、布匹染坊、福生药号、梁源盛棉布洋纱、粮食杂货店、油盐布匹粮食杂货店、陂头土布合作社、裕源生杂货店、陂头消费供销合作社、染坊油烛杂货店、兴昌喜爆店、六俚金银店、怡生春药店、春记磨坊、达生粮食漕坊布匹、万仁药店、邮政所、铁器铺郭源和苏洋粹货店、吉顺和粮食杂货店、春财药店、宗和祥荆州喜爆店、伟顺粮食漕坊、福海棉纱杂货店、广福茂苏洋广货店、志纤粮油店、德盛国产药店、耀顺纸扎店、梁同济药店、振兴金银兑换店、曾和记案号、源泰生药店、惠记漕坊酒楼、保康药店、金昌茶馆、济美黄烟杂货店、正记杂货、开源药店、苏洋广货、裁缝店、纸伞店、春生药店、合兴楼漕坊屠案、民生药店、茶楼汉斌理发店、同亿漕坊、三德全面点茶馆、同亿粮食漕坊、万春药店、梁和祥杂店、金昌茶楼、海泉金银店、建中西药店、刘青山锡器店、聚泰杂货店、生昌六成号、谦和杂货店、篾器杂铺、绵泰布匹杂货、一枝春面馆、当铺店、仁荣缝衣店、吉泰和米店……

因了这条街，渼陂风生水起，四方商贾纷至沓来，文化和理念的深度融合，让渼陂焕发新的活力，开辟了渼陂从耕读转向商读的新时代。设店开铺、长途贩运、手工制造、农副产品加工，渼陂在这块农耕文明积淀深厚的土地上催生了商品经济，让商品经济的光芒照耀庐陵一隅，这样的表达，渼陂始祖无法想象。清中晚期是渼陂商业贸易的鼎盛时期，一大批富商巨贾不断涌现，吉安、赣州、南昌、武汉、苏州、广州都设有渼陂梁氏商号，全国各地开设的分店数以百计。道光年间，渼陂村建起了江西乡村首屈一指的万寿宫，现在这个象征赣商旗舰的标志虽被毁了，但从遗存的墙壁依然可以想象，当年的万寿宫何等辉煌。那个时代渼陂有了夜市，店铺前张灯结彩，万寿宫人潮涌动，宫内唱着大戏，宫外小吃摊点、茶楼顾客盈门，盛况如同微缩的“小南京”一般。

· 渼陂万寿宫

渼陂的表达气贯长虹，似乎有一种魔力主宰其中，村庄的建筑不可遏止地向着两水的空间铺陈。而人口生产也像吹响了冲锋号，女人们比着，一个比一个能生，家族的亲和力凝聚力空前强劲。比如渼陂的船帮，船队无论经过哪个码头，利益如何诱人，都不卸货，为的是让村庄里等待卸货的兄弟们赚几个辛苦钱。这时候的渼陂充满温馨的想象以及行云流水般的畅快，一个村庄的理想再大再美，实际上也莫过于此。

“永慕堂”是渼陂梁氏的堂号，这座祠堂里装下了渼陂最真实的表达。祠堂始建于南宋，此后历代有修葺或扩建，现在看到的是1915年的建筑。因此，永慕堂的建筑有明代的，也有清代的，比如祠堂的石柱、柱础、石栏等都是明代的，梁檐等构造都是清代的风格。这座祠堂比我在庐陵看到的别的祠堂要高大一些，堂内有红石柱34根、木柱24根，天井口开得也大，因此堂内明显敞亮。最重要的是，这座祠堂的文化内涵极其丰富，如意斗拱承托翘角飞檐，龙凤装饰图案却是凤在上龙在下，显然是慈禧时期的产物。堂内柱柱刻有楹联，数量多达25副，大部分嵌入“永慕”二字，并且运用了大量的典故，出自《诗经》《礼记》《尚书》《左传》《孟子》《史记》《世说新语》等。增建的后堂为寝庙，高耸的牌楼悬挂“对越在天”匾额。“对越在天”典出《诗经·周颂·清庙》，诗云：“於穆清庙，肃雍显相。济济多士，秉文之德。对越在天，骏奔走在庙。不显不承，无射于人斯。”我记得山西晋祠前有一座华贵典雅、雕琢考究的牌坊，就叫“对越”牌坊。

• 渼陂宗祠之一

• 渼陂宗祠之二

· 渼陂宗祠之三

宗风永丕振，景仰前哲千乘侯，谟烈远贻，庆泽孔长绵万世；祖德慕无穷，裕垂后昆数百户，和亲相乐，生齿虽繁总一家。

岁月莫蹉跎，要永朝永夕讲让型仁，才算佳子弟；箕裘思绍述，惟慕祖慕宗象贤崇德，克敦大本原。

永以为好，睹此埙篪迭奏，花萼相映，笃宗盟如磐石；慕切于心，岂徒牲醴既成，粢盛告洁，入寝庙荐馨香。

古今来许多世家无非积德，天地间第一人品还是读书。

世事让三分天空地阔，心田存一点子孙耕种。

求在我者也，我备万物；志于仁而已，仁绕四端。

求名求利，但求无愧社稷；志大志远，立志有功黎民。

怀仁义以事父母，蓄道德而能文章。

作天地间不可少之人，为伦类中所当行之事。

栽培方寸道之源，根据六经言有物。

渼陂的表达对仗工整，如股股清泉涌进人们的心田。渼陂不厌其烦地表达儒家的思想，并使之变成家训格言，刻在民居、祠堂、文馆、商铺、柱子、门框上，在所有人能够看到的地方播下良知的种子。

人生勤俭为上，第一要重纲常，父母尤当孝顺，手足切勿参商；居家宽宏忍让，持身纯朴端方，和睦宗族乡党，谨守祖业田房。

竭忠尽孝谓之人，治国安邦谓之学，经天纬地谓之文，霁月风光谓之度，万物一身谓之仁。

人以品为重，若有一点卑污心便非顶天立地汉子；品以行为上，若有一件愧怍事即非泰山北斗品格。

不自重者取辱，不自畏者招祸，不自满者受益，不自足者博闻。

安莫安于知足，危莫危于多言，贵莫贵于无求，贱莫贱于多欲。

傲不可长，欲不可纵，志不可满，乐不可极；动莫若敬，居莫若俭，德莫若让，事莫若咨。

谦退是保身法，安祥是处事法，涵容是待人法，洒脱是养心法。

孝友乃立身之本，耕读为起家之源。空谈仁义不若动，循天理想学圣贤，须先静克人欲。父母是活佛，能尽心竭力，及时孝养，则福寿可求。

渼陂读书人不少，却少有学而优则仕的理想。但这并不影响渼陂的表达，只要财富可以通达的地方，渼陂人就不会放弃。从族谱上看，渼陂买官者不在少数，而且一买就是二三品的大官。渼陂毕竟是渼陂，出手如此阔绰，只为心中那一点点虚幻的荣耀。在官衔成为商品的时代，拥有财富的渼陂人如同逛了一回早市，拎回了六顶二品顶戴花翎。而且他们仍然可以毫不亏心地把这些荣耀记录在族谱上，这并非渼陂之过。

行走吉安，我发现这一地区的古建楹联特别多，这与我在别的地方看到的情况迥然不同。吉安的文化学者说，这其中的原因就是吉安读书人多，写对联不用求人。同时也是标榜，装门面的需要。不管怎样，这种对仗工整的表达客观上也起到了教育人、传播文化的作用。

八百年后，在中华人民共和国开国将军中，渼陂子孙三代人梁兴初、梁必业获中将衔，梁仁芥获少将衔。三位将军的老宅都在渼陂老街上，而且相距不远。在梁必业的老宅里有几副柱联："怀仁义以事父母，蓄道德而能文章""人具四端仁义礼智，名垂千载道德文章"等。儿孙是祖先的表达，渼陂的表达严谨而博大。

白鹭的意象

一块月牙形的盆地被大自然赋予神秘的意象。青山长于月满，树木葱茏，五条山脊逶迤而下，其势如虎，这种被堪舆家视作“五龙山形”的地状是生发的胜地。盆地中溪流蜿蜒，经过牙口时巧遇左右两山，这种被堪舆家称为“狮蹲”和“象跃”的形状，正是把守水口留住来龙的天然屏障。

盆地无名时，兴国竹坝人钟舆牧鸭至此，梦里白鹭飞临，次日早晨又在鸭棚里捡到两百多个蛋。一百多只鸭子一夜之间竟然下了两百多个蛋，这等怪事让牧鸭多年的钟舆心生疑惑。传说他

· 白鹭飞临

还将牧鸭的竹梢插入泥土，向天祷告，来年若是长出新竹，定当在此开基繁衍。

公元1136年，钟舆开基，村名白鹭，溪名鹭溪。白鹭飞临，成为钟舆后人永远的心灵影像。

我不知道，那个季节的那个日子是否还有花朵盛开；但我知道，这个日子裹挟着钟舆的家族梦想，诡异而灵动地在白鹭舒展。

人们无法想象钟舆梦中白鹭飞临的景象，或许如唐代诗人张志和《渔歌子》中的“西塞山前白鹭飞，桃花流水鳜鱼肥。青箬笠，绿蓑衣，斜风细雨不须归”，或许如宋代诗人杨万里《晨炊玉田闻莺观鹭》中的“清溪欲下影先翻，只鹭还将双鹭看。绿玉胫长聊试浅，素琼裳冷不禁寒”。不管是哪一种景象，都是美好的意象，因为白鹭高洁，其站立风姿绰约，其飞翔宛若仙子。

钟舆出身名门，远祖为中原世家望族，因“侯景之乱”迁徙入赣。近祖钟绍京（659—746），祖籍河南长葛老城西，唐睿宗时官拜中书令，封越国公，史称“江南第一宰相”。钟舆沦为牧鸭人，世人迷惑，其实人生无常，皇家贵胄又岂能永保富贵？但钟舆不凡，身后800年繁衍，700年科举中兴，2位进士、17位举人、568位秀才奠定了村庄心性，3位知府、6位知州和知县成就了村庄辉煌记忆。

去白鹭的那天春光明媚。这是我探访历史文化名村行动难得遇上的好天气。山色格外清丽，古村熠熠生辉，鹭溪气象氤氲。不见白鹭飞临，这种本是南方常见的水鸟，现在并非什么地方和什么时候都能看到。人们心中美丽的影像杂合繁富的意象，融入一砖一瓦一木营造的居所，如白鹭拍打翅膀高高飞翔，又在那沼泽鱼肥之地飘然着陆。

在客家的版图上，白鹭民居建筑以一种超乎其外的风格绽放。赣民居建筑元素在这里被广泛运用，称为“四水归堂”的建筑样式，其建筑实体围绕中空的天井，是典型的江西天井式民居风格，兼容客家民居和徽派民居等多元文化，装饰方面甚至融合了绮丽巧构的江浙风格。白鹭因独特的风韵，成为多部影视作品的拍摄地。《白鹭谣》全景在白鹭拍摄，《井冈山》《我的传奇老婆》《破阵》等多部影视剧在白鹭取景，央视《客家足迹行》《记住乡愁》两档节目都记录了白鹭。

· 白鹭古村

· 白鹭古民居

白鹭有许多经典建筑，那条古巷并不深幽，尽头处，几级石阶上去，有一幢斜对古巷的民居，远远看门饰，层层叠叠、美轮美奂。这幢略显突兀的古民居，丰富了古巷的审美意象，当它突然出现在我面前的时候，我似乎被一种神秘的力量拽入其中。乡干部告诉我，2004年除夕中央电视台春晚拜年时，荧屏上出现的一组经典画面中就有这条古巷。

建筑的美立体多维，作为一种精神的建筑，王太夫人祠留在我心里的意象更加丰美。王太夫人是什么人？为何给她立祠？是什么人冒天下之大不韪为她立祠？当我看到这座祠堂的时候，诸如此类问题不断涌上心头。谁都晓得中国传统社会男尊女卑，女性进入祠堂都不行，更不用说为女性立祠以祭祀。乡干部告诉我，王太夫人是钟家的三房太太，这个女人非常贤淑，平时节衣缩食，

· 白鹭古巷

把省下的钱粮救济乡亲，帮助上不起学的孩子。清廷曾两次下旨，诰封王太夫人为太恭人，诰赠太淑人。村庄里的慈善家怎么走进了朝廷的视野？答案其实很简单，因为王太夫人的儿子钟崇俨嘉庆时曾任嘉兴知府，后来官至兵部侍郎，有官声，告老还乡时，朝廷赏赐甚厚。母以子贵是中国的传统。

王太夫人祠是一幢“四水归堂”式的老建筑，前幢上下两层，一层两边的厢房做义学，可容纳十多个孩子读书；二层是义仓，储放粮食。王太夫人临终前，嘱咐儿子钟崇俨务必把慈善进行到底，义仓储粮不少于一千担。公元1824年（道光四年），钟崇俨

·王太夫人祠

致仕还乡，建起了“王太夫人祠”，办起了“葆中义仓”。儿子以为这是对母亲最好的纪念。我看到祠堂中空的大天井搁置有两口大锅，已经铁锈斑斑，想必灾荒之年，这儿就是布施的场所。后幢是祭祀王太夫人的主殿，中堂挂着王太夫人画像，是一个端庄秀丽、慈眉善目的女人，宛如观世音菩萨。

白鹭的意象在这里延伸，直达人们的心里。

端详这座祠堂，色调朴素淡雅，八字形门楼装饰极其用心，彰显庄重、高贵、典雅，石雕装饰有“寿”字大圆图形，以及麒麟、鳌鱼、蝙蝠、凤凰、灵芝、葫芦、四季花卉等吉祥图案，刚中带柔，十分精致。门罩雕饰繁复，凸显女性特征，密布的“卍”（万）字纹形成视觉冲击，构成门罩的装饰背景。“卍”是佛教中的典型符号，寓意吉祥、清净、圆满。门罩中心部分还镶有多种吉祥图案，尤其是檐下三只灵兽，惟妙惟肖。门额上“王太夫人祠”是王太夫人的孙子钟谷所书，笔力苍劲，成为门楼的点睛之笔。

族谱关于王太夫人的善举多有记载，但对其身世则多有避讳。据说王太夫人是江浙人，原为江浙梨园名角，被钟崇俨的父亲收为三夫人，带回白鹭。这位夫人喜欢戏剧，在自家园子里修建了戏园，戏台双向可观，一面朝下对乡亲，另一面朝上对家人。家人这边建有池塘，绣楼闺房可以隔水观戏，很有苏州园林的风韵。有人推论王太夫人并非赣州本地人，应是苏州人氏，而且很有可能是昆曲名伶。据考，东河戏是在赣南地方戏的基础上，经借鉴昆曲而被改造成的一个新剧种，而开创东河戏剧种的正是王太夫人的孙子钟谷。钟谷身为黄梅知县，何以对戏剧如此在行？最好的答案是他少时跟随奶奶生活，受奶奶熏陶很深，加上他早年有太湖地区生活的经历，对昆曲很熟悉。当年王太夫人病重，钟四少爷从江浙带回一个昆曲戏班，在自家园子里天天唱戏，一来解奶奶戏渴，二来方便自己琢磨东河戏。

让我迷惑的是，钟氏儿孙两代饱读儒家诗书，何以突破文化的樊篱，为母亲和奶奶立祠？相关观点，我只查到了江西理工大学高健婕老师一种。她认为，王太夫人祠是全国罕见的祠堂，之所以会出现在赣南并非偶然，赣南多山，耕地不足，迫使客家妇女加入传统的生产与社会生活中，客家妇女不仅要在家中操持家务，而且需要与男人一样打着赤脚下地干活。在客家文化中形成了重视妇女在家庭与社会中地位的观念，王太夫人祠的出现即体现了这一独特观念。全国现存的女性祠堂不足五处，高健婕对各处女性祠堂做过对比，她认为王太夫人祠较之其他女性祠堂，在当地具有更强烈的社会认同感，是真正意义上的女性祠堂。

对于高老师的结论，我心存疑虑。我相信王太夫人祠是真正意义上的女性祠堂，但王太夫人祠出现在赣南并非偶然原因远不止此。钟氏一门四代官僚，王太夫人的儿子钟崇俨是当朝知府，孙子钟谷是知县，立祠应有条件。重要的是，这个官僚家族的父亲早已离世，立祠没有顾忌。在民间好人就是神，王太夫人在白鹭享有崇高声誉，民间岂有微词？况且王太夫人祠建有义仓和义校，为贫困子弟施粮舍衣、救助失学，这种变通的办法是否也是钟氏父子的万全之策呢？王太夫人祠出现在赣南正好验证了我先前的判断，客家人心怀家族，敢为人先，不畏人言。南北文化交融生发独特的文化个案，结出一枚清纯脆爽的果。

一个内心澄澈的女人，一个博爱的母亲，为白鹭树立了一种精神，这种精神意象比白鹭飞临更加动人。

鹭溪多情，客家人实在。白鹭村为一个女人立祠，全国罕见，它让人们看到了积善成德的文化光辉。

第六章／心灵的宗教

与天地对话，与神灵对话，与佛对话，最终还是与儒对话。在村庄的土地上，我看到中国人的心灵宗教簇拥而飞。

象山之悟

象山语录：六经注我，我注六经。学苟知本，六经皆我注脚。

陆象山像是个狂人，语出惊世，在朱熹把持的看似繁荣的理学舞台上炸响了一声雷。

用六经的话来解释自己的思想，用六经的思想和智慧来诠释自己的生命。做学问如想求得根本，就不可拘泥于对经书的刨根问底。象山的话朴实而率真，但他异于别人的表达无疑在南宋僵死的版图上掀起层层巨浪。

心学作为儒学的一个学派，可推溯自孟子，万物皆备于我，这个论断为心学的诞生播下了种。北宋程颢、程颐兄弟（世称“二程”）开启了心学的草创阶段，到象山这儿，一如绽放的一束菊花独立寒秋。

象山悟到了什么，他洞开的心学是怎样的姿态？在心即理的天空下，象山展翅飞翔，宇宙是吾心，吾心便是宇宙，心有多大，宇宙就有多大。飞翔吧，我生万物生，我死万物死。思想巨子的翅膀丰满硕实、刚健有力，似乎要刺破苍穹。

象山是陆九渊的号，也是南宋学界对他的尊称。

原本我是去金溪寻访中国历史文化名村，可是到了金溪，我没理由不访青田。青田是一代大儒陆九渊的家乡，“一代大儒生此土，后人千古仰高风”。青田远不如我在金溪看到的古村养眼，寥寥几处老的建筑，已经看不到村庄千年过往。我想或许是因为心学的缘故，村庄老的建筑受到意识形态的摧毁？

公元1139年，陆九渊出生在一个世家望族。五代末年，先祖陆德迁为避战乱举家迁入金溪青田。此后二百年，陆氏家族行儒家诗书礼仪之教，承家国同构宗法治家，持族党宾客诗礼簪缨的族风，十代同居，食指逾千，义不分家，成为江西地面上一个令人羡慕的乌托邦。南宋理宗皇帝大加赞赏，封为“陆氏义门”。义门，尚义之门也。一个“义”字让我怀想。江西德安陈氏也是一个以氏族为单位的乌托邦，其人口规模达到三千，被唐僖宗封为“义门陈氏”。义门陈在宋朝被朝廷要求分庄，其中一支辗转迁居修水，成为地方望族，接续义门新篇。陈宝箴、陈三立、陈衡恪、陈寅恪、陈封怀“义宁五杰”四代人享誉世界。明朝，江西永丰梁氏聚和堂更是一个影响深远的乌托邦，虽然这个乌托邦因朝廷打压而散伙，但是开创者何心隐（原名梁汝元）却走到了明朝思想界的巅峰。江西是个好地方，我想，乌托邦是不是不世人物的摇篮？

青田留下的记忆不多，一座祠堂只剩下一个挂面，远远看去如一座“牌楼”，“牌楼”之上高高矗立的门冠，连同题着“义里”的字牌应该是近代加上去的。挂面两边各有一个门洞，一为规行，二为矩步，大约是这个家族宗法的一种表达。一旁的大儒家庙已恢复旧观，祠堂悬挂的楹联大肆张扬这个家族的千年荣光：“南宋三贤第，前唐六相家”，“宋来门第高山斗，代有人文冠古今”，

“义居十世儒宗第，六相三贤理学家”。联中说的“三贤”即陆九渊和他四哥九韶、五哥九龄，人称“金溪三陆”。朱熹曾拟联赞曰：一家兄弟学，千古圣贤心。

· 青田牌楼

· 矩步

其实，陆家并不只有这哥儿仨，陆九渊六兄弟个个都是人杰。大哥九思举人出身，授从政郎，著有《家问》，为陆氏治家准则。二哥九叙善于持家，以经营药铺为业，供全家各项费用，公正通敏，人称五九居士。三哥九皋，授修职郎，率诸弟讲学，“三陆之学”皆导源于九皋。而其父陆贺又岂是等闲之辈？据载，陆贺究心典籍，见于躬行。如果上溯家源更是了得，陆氏先祖六人出相，如此家源怕是举国难寻。

陆九渊（1139—1193），字子静，号象山，书斋名“存”，世人称存斋先生，江西金溪县陆坊青田村人。南宋著名理学家、思想家和教育家，宋明两代“心学”的开山之祖。南宋孝宗乾道八年（1172）进士，调靖安主簿，历国子正。有感于靖康时事，遍访勇士，商议恢复大略，曾上奏五事，遭给事中王信所驳，遂还乡讲学。绍熙二年（1191），知荆门军，创修军城，稳固边防，甚有政绩。绍熙三年十二月（1193年1月）卒，年五十四。追谥“文安”。著有《象山先生全集》。

陆九渊是一个没多少故事的人，似乎天生只为心学来到世上。我看过有关他的记载，应该是一个中规中矩而又执拗的人，自幼好学善思。小时候他曾向父亲陆贺发问，“天地何所穷际”，父亲见他太小，笑而不答，可这个问题就像种子长在了陆九渊心里。十三岁那年，陆九渊偶读“四方上下曰宇，往古来今曰宙”，“宇

· 大儒家庙

宙”二字天使一般飞进心田，他忽然省悟，原来“无穷”便是如此啊，人与天地万物都在无穷之中，宇宙内事乃己分内事，己分内事乃宇宙内事。宇宙之间，如此广阔，吾身立于其中，须大做一个人。借用心学术语，陆九渊早早地发明了本心。

一般认为陆九渊之学是家传，似乎不无道理。兄弟之学同出一门，不是家学又是什么？而这家学的根基就是做人入世的准则，或者说是家风，又或者说是与生俱来的良知，再或者说是家教传承中始终如一的良知。

2015年我著《天下良知》，一直思考着，心学为何强调先发明本心呢？人心至灵，此理至明，心和理都是天赋，永恒不变；仁义礼智信是人的天性所固有的，不是外铄的。穷此理，尽此心。人难免受物欲的蒙蔽，受了蒙蔽，心就不灵，理就不明。遥想青田，我似乎愿意理解陆氏兄弟的执拗。

儒家主张修身齐家治国平天下，然而，达到这个目标的路径在哪儿？格物致知吗？陆九渊不同意。他提供的心学方法论其学理架构，包括心即理的宇宙观、本心之善的人性论、发明本心的认识论、践履力行的实践论。修养功夫在于求诸内，心养心。具体方法是切己体察，求其放心，明义利之辨，践履则精明。这一点，明代王守仁进一步精辟概括为知行合一，让陆王心学大放光彩。

陆九渊不愧为宋明两代“心学”的开山祖。他用孟子“先立乎其大”“心之官则思”以及“求放心”等命题，来阐发二程理学中“心性”的层面，并与道德践履的思想趋于逻辑上的统一，这是陆九渊在理学中的理论贡献。从哲学层面上讲，陆九渊思想正是儒学的继承和创新。对于伊洛渊源，陆九渊并不否认，他认为“伊洛”虽得儒家正统，但二程之学只是心学的草创阶段，有待于我来重构。

所谓伊洛渊源，指的是朱熹编撰的《伊洛渊源录》，包括周敦颐、二程、张载、邵雍及其弟子的行状、墓志铭、遗事等传记资料，排成理学谱系，并以二程为中心，溯源探流。之所以称伊洛渊源，是因为程颐曾居伊川，二程又都长期居洛川。陆九渊的说法自然包含着理学的道统观念，以及承担道统的意识。至于读书，他主张先发明本心，然后使之博览，自称这种方法为“简易工夫”。这与以朱熹为代表的主流理学形成巨大冲突，因而有了史上著名的“鹅湖之会”和“南康之会”。

公元1175年（宋淳熙二年），三十六岁的陆九渊英姿勃发，三年前他考中进士，做了靖安县主簿。而此时，四十五岁的朱熹远在福建尤溪，正在寒泉精舍为母亲守墓，六年了，作为哲学家的朱熹历经了最重要的著述期。正月，吕祖谦从东阳来，在寒泉精舍与朱熹相聚一个半月，两位大家的聚会，史称“寒泉之会”。不知是朱熹授意，还是两人商议，吕祖谦向陆九龄、陆九渊兄弟发出邀请，期望前往鹅湖书院与朱熹见面。陆氏兄弟清楚，吕祖谦的用意无非是调和朱熹“理学”和陆九渊“心学”之间的理论分歧，使两人的哲学观点“会归于一”。这几乎没有可能。其实朱、陆书信往来不断，见面说也省了许多烦劳。

六月，位于铅山鹅湖山麓的鹅湖书院，灵山秀色，空水氤氲，一派生机盎然的景象，真的是一个读书养心的绝佳之地。陆氏兄弟应邀到来，朱熹和吕祖谦早早地候着。鹅湖书院庭院深深，一进二进三进，在最后的正厅坐下来，在这里，哲学家的独立人格和自由思想如日喷薄。

· 鹅湖书院之一

· 鹅湖书院之二

朱熹说先博览而后归之于简约，指责陆的教法太简易。

陆九渊说先发明人的本心而后使之博览，指责朱的教法为支离。

陆九渊赋诗明志："墟墓兴哀宗庙钦，斯人千古不磨心。涓流滴到沧溟水，拳石崇成泰华岑。易简工夫终久大，支离事业竟浮沉。欲知自下升高处，真伪先须辨只今。"

两位大儒的分歧不可调和。这场辩论无所谓谁输谁赢，但注定陆氏兄弟在剑锋之下。然而处在上锋的朱熹也是耿耿于怀。三年后，朱熹在信中和诗赠陆九渊："德业流风夙所钦，别离三载更关心。偶携藜杖出寒谷，又枉篮舆度远岑。旧学商量加邃密，新知培养转深沉。只愁说到无言处，不信人间有古今。"朋友关切、钦佩之情跃然纸上，但还是婉转地批评了陆学直趋本根的为学方法，也点出了陆氏心学的本体乃“不依文字而立者”。这恰可以看作朱熹对鹅湖之会上二陆所主张的心学思想，以及陆九渊“尧舜之前何书可读”的回应。毫无疑问，论战还将继续。我想，朱熹所为何求，是要达成理学的高度一致，还是担心朋友走火入魔误人子弟？

鹅湖之会是中国儒学史上影响深远的一件事，后人为了纪念“鹅湖之会”，在鹅湖书院后山建造了“四贤祠”。

朱、陆双方都已开始意识到，在工夫问题背后，他们之间还存在着关于本体的分歧。本体是德国哲学家康德唯心主义哲学中的重要概念，是指与现象对立的不可认识的“自在之物”。辩证唯物主义否认现象和本体之间有不可逾越的界限，认为只有尚未认识的东西，没有不可认识的东西。

淳熙八年（1181）二月，朱熹亲自邀请陆九渊登白鹿洞书院讲堂。白鹿洞书院位于庐山五老峰南麓，享有“海内第一书院”之誉，史称“庐山国学”，为中国历史上唯一的朝廷设在京城之外的国学。朱熹知南康军时，确定了书院的办学宗旨，亲自讲学，同时奏请皇上赐额及御书，使得白鹿洞书院充满官方色彩。

南康之会以陆九渊讲学开场，主题是“君子喻于义，小人喻于利”。陆九渊讲《论语》“君子喻于义，小人喻于利”一章，听者都十分感动，甚至有人落泪，朱熹当即离座向众人说：“熹当与诸生共守，以无忘陆先生之训。”并再三表示：“熹在此不曾说到这里，负愧何言。”又请陆九渊书写讲义，将讲义刻于石上以作纪念。

史称“义利之辨”的开场极为融洽，朱熹表现了一个哲学家的广博胸襟。可接下来的辩论出乎朱熹意料，陆九渊引入释道来讲儒道，以说明自己为学的理论根据。他似乎不管不顾，行云流水般挥洒着思想的光芒。

儒释的区别不在于本体的虚无与实有，而在于用这种本体来证明经世或出世的思想。儒家讲人生、讲人道、讲人事，都是为了“经世”；佛教讲生死讲轮回，只是为了逃避人生的苦难和烦恼。所以，儒家的道德修养即使达到“无声、无臭、无方、无体”的境地，也绝不会与佛教的虚无本体相混同。儒者以人生天地之间，灵于万物，贵于万物，与天地并而为三极。天有天道，地有地道，人有人道。人而不尽人道，不足与天地并。人有五官，官有其事，于是有是非得失，于是有教有学。其教之所从立者如此，故曰义曰公。释氏以人生天地间，有生死，有轮回，有烦恼，以为甚苦，而求所以免之。其有得道明悟者，则知本无生死，本无轮回，本无烦恼。故其言曰：“生死事大。”其教之所从立者如此，故曰利曰私。儒者虽至于无声、无臭、无方、无体，皆主于经世；释氏虽尽未来际普度之，皆主于出世。

关于“义利之辨”，陆九渊讲的还是本心、价值观问题。他希望人们在树立人生目标时明确人生价值观，并用此价值观去指导读书求知和道德践履。在这一本心的发用下，无论是读书，还是考科举，都是为了义、为了公，而不是为了利、为了私。这样，他便从确立道德的价值观方面，找到了维系道问学与尊德性两种方法的共同理论支柱。

或许在朱熹心里已经隐约感受到庐山南麓山风的寒意，又或许他确切地感受到了从北宋以来那股细流已成溪河，奔涌在儒学的大地上。

既然人生于天地间，灵于万物，那么人与天地万物之间，到底谁先谁后？朱熹向陆九渊提出了陆氏心学所面临的理论难题。“义利之辨”虽然得到朱熹赞许，但是朱、陆之间的学术问题仍然没有解决。如果陆九渊不放弃，冲突永远无法解决。

大儒之争，天地寂静，心学之路仍然遥遥。

公元1193年1月15日（绍熙三年十二月十一日），荆门军任上的陆九渊对朋友说：“先教授兄有志于天下，竟得不到施展就离开人世了。”对家人说：“我将死矣。”对僚属说：“我将告终。”五哥九龄四十八岁离世，现在自己也要死了，他希望来一场雪，漫天飞舞。如他所愿，第二天果然大雪纷飞，陆九渊沐浴更衣端坐，两天后安然去世，享年五十四岁。棺殓时，官员百姓痛哭祭奠，满街满巷充塞着吊唁的人群。出殡时，送葬者达数千人。

作为宋明心学的开山之祖，陆九渊心学在明朝由王守仁发扬光大，史称陆王心学。明正德十六年（1521），人们在金溪县城衙门前为陆九渊建了“百世大儒”坊，两侧镌刻“学苟知本六经皆注脚，事属分内千圣有同心”对联。

青田桥院山是大儒长眠之地，山麓还有其四哥九韶之墓。上山的路上一座四柱冲天牌坊，镌刻楹联：“术开一派能以姓名作冕天下有几，学贯九渊敢将宇宙为心旷古无双。”空山沉寂，河水淙淙，象山先生赋予“人心”广博的哲理内涵，只有人心，百代相通。

豢灵护应

行走在东源曾家，扑面而来的是一个个令人好奇、惊讶和疑惑的意象。身边的老人吴定安，退休前是金溪县文物管理所所长，对金溪古村了如指掌。他如数家珍般的讲述，把我带入了一个充满神性的博大空间。东源大屋阔大的高墙拦着我，我似乎感到一些压抑。一只鸟从北边的林子里扑打着翅膀飞向屋顶，它像是发现了我的眼光跟随着它，不断地变换着盘旋和俯冲的姿态。多么羡慕这只鸟，它可以看到不同平面的大屋顶。

东源曾家是一个城堡式的村落，砖砌的村墙足有一人多高，

・东源曾家

四向皆设门，门楼分别以切合方位的星宿名题写门额，北曰旋星共极，南曰阳德含晖，东曰龙光发祥，西曰长庚耀彩。房屋呈折扇状铺开，九条南北向的青石小巷，放射状连通一条东西向的青石主巷道。“城堡”之外，双陈河从东南向西北流淌，围绕村东和村北的茂密森林中鸟叫虫鸣，形、势动人。

东源曾家是“宗圣”曾参嫡传后裔。曾参十五世孙曾据携族南迁庐陵，唐末一支迁南丰，到了元初，南丰一支迁金溪，迄今已有七百多年。总门楼题额“南丰世第”，门联“东鲁家声旧，南丰世泽长”，概括东源历史渊源，远祖山东鲁国，近祖江西南丰。里弄门额以及门第牌匾基本沿袭了这一历史文脉记忆，彰显了宗圣世家的儒学荣光。中井弄门“沂水渊源”牌匾典出《论语》。子路、曾皙、冉有、公西华侍坐。子曰：各言其志。曾皙曰：莫（暮）春者，春服既成，冠者五六人，童子六七人，浴乎沂，风乎舞雩，咏而归。夫子喟然叹曰：吾与点也！曾皙描绘了一幅太平盛世愿景：在沂水里沐浴，到舞雩台上吹风，然后唱着歌儿回家。由此得到孔子点赞。曾皙不是别人，正是曾参的父亲。里门匾额“隆平旧家”，隆平为河北一老县名，似乎挨不着，却是曾巩著作《隆平集》的书名。似乎祖上这种充满浪漫主义情调的愿景也可用作路名和人名。“青云路”是为生员士子取的名，青石小巷幽深，青云路匾迎面而立，寓意青云直上。晚清举人曾春沂的名字一如“沂水渊源”的来历。这个人也很有意思，少年苦读，中举后分发广东任知县。辛亥革命后，知县没法做了，转行做生意，在商界声名鹊起，被推举为

· 东源曾家民居匾额

汉口江西商会会长，抗战中捐巨资打鬼子。

随处可见的明清民宅一般都是高墙大屋，总体风格是外为印斗墙，不承重，少开窗，防火防盗，体现了封闭、内向的精神内涵；内为穿斗式木框架，空间高大宽敞，卧室相对私密，天井采光，冬暖夏凉。装饰多在门窗，尤其大门，用整块条石砌成，门额雕刻精致，书法精美，彰显了主人身份和文化情趣。祖堂设置木雕神龛，长案几桌，立体感强，中摆八仙桌四条凳，日常用餐议事来客接待交谈都在此处，体现出敬祖尊天、厚朴勤俭的精神品质，赋予了儒家等级尊卑与农耕社会自给自足的价值取向。人称"官厅"的中议世第，位于蚕门西边方形古井上首，是一处气象宏大的大宅第，建于同治后期，为曾喜顺兄弟功成名就后所建。喜顺兄弟在太平天国年间效力于清军大营，以军功获授从三品中议大夫衔，保举以知府用。此厅总门石刻"竹韵松涛"，字体飘逸洒脱。进门是一个青石铺砌的大院，“八”字大门气宇轩昂，门额刻“中议世第”，照壁题刻“鸿禧”二字，砖雕石刻精美细腻。屋厅三堂直进，面阔20.6米，进深33米，二层板楼，门窗梁桁均有雕刻，幽房密室不知多少，采光排雨的天井一共9个，如此布局如此大屋，让人由衷兴叹。耳门上刻“退憩居”，真的是老兄弟俩晚年退居憩息之所。

· 东源曾家古民居之一

· 东源曾家古民居之二

建于明代万历年间的东源总祠，明代风格突出，气势阔大，宽12.5米，进深54.5米。明代中堂部分，古朴庄重，柱大可两人合抱，柱礎为典型的明代制式。上堂及中亭乃清代维修，亦高大明亮。进大门即前院，两株老桂相拥相抱，交枝叠叶，郁勃繁茂，亭亭如盖，人称“夫妻桂”。八月桂花清香满村，蟾宫折桂寓意美好。公元1604年（万历三十二年），江西按察司副使李开芳、布政司参政龚道立、都司张澍共同署名颜额曰：“宗圣清源。”因为元代加封曾子为“宗圣”，达到了圣人的高度，孔门弟子中只有颜回被封为“复圣”，可与之比肩。祠内保存有元朝诰封的圣旨，东源族谱中仍收有此圣旨之全文。

· 东源曾氏宗祠之一

· 东源曾氏宗祠之二

附：元朝诰敕

诏曰：朕惟孔子道，曾子独得其宗，盖本于诚身而然也。观其始于三省之功，卒闻一贯之妙，是以友于颜渊而无愧，授之子思而不湮者矣。朕仰慕休风，景行先哲，爰因旧爵，崇以新称。於巇！圣神继天立极以来，而道统之传远矣！国家化民成俗之效，《大学》之书具焉。其相予之修齐，兹式彰于褒显，可加封瑕邱侯曾参为郕国宗圣公。主者施行。右加封曾子。

至顺元年秋闰七月宣命之宝（玺印）

制书副本翰林侍讲学士臣蹊斯为艺文监时所书

东源曾家标榜儒学传家，却也有两座寺庙。一为水神萧公庙，我揣测双陈河一定是东源重要的水路码头，不然不会建水神庙。庙里上堂祀真武，前堂祀萧公，据说祭祀还很隆重。岁末，四方信徒云集一宿，虔奉神祇，名曰“守岁”，延至次日而止。另一处为仙师殿，这座庙的规模很大，面阔17米，进深26米，上、中、下三堂结构。传说如村内不慎发生火灾，往往有一老人由此庙出，他一到现场火即扑灭。村人感念神佛默佑，礼敬有加，香火特盛。据说抗日战争期间，日本鬼子小队人马窜至东门外，欲待进村，其马前蹄耸起嘶叫，不肯再进，鬼子只得沿山而去，并未进村，使东源免遭一劫。此庙门镌“豢灵护应”四字，让我大惑不解。豢指饲养牲畜，豢灵即保护牲畜的神灵。牲畜是农耕社会的重要财富，牛马更是农家重要的畜力来源，传统农耕社会极为重视牲畜饲养，祈求神灵保佑牲畜免病免灾。我想这应该是一座专为保护牲畜而建的庙宇。“藏于不竭之府者，养桑麻育六畜也。”（《管子·牧民》）六畜乃牛马羊猪鸡狗。东源曾家的“豢灵护应”庙，是迄今为止我看到的唯一一座保护牲畜的庙宇，这样的文化个案让我惊叹。

·“豢灵护应”庙

· 东源曾家民约

北方游牧民族的牲畜保护神普遍被当作家神供奉，它们是萨满教灵界的神偶，是有别于祖先神而出现在家神信仰之中的另一类善神。牲畜保护神在蒙古族、达斡尔族、鄂伦春族、鄂温克族中都有，被通称为“吉雅其”（音译）。这位善神专司人畜两旺，是北方民族牲畜饲养的保护神。不知道南方牲畜的保护神是何方神灵。豢灵护应庙中供奉释道菩萨，应是后人曲解始建原意，以致各种传说风马牛不相及。

金溪县文物管理所原所长、副研究馆员吴定安说：

说中国老百姓没有信仰不对，说没有“宗教信仰”才有道理。中国主要宗教就是道教与佛教，有人认为儒教也是一教，但从严格意义上讲，儒教还只是一个学派，算不上宗教。

老百姓从来是见菩萨就拜，不管是道教菩萨还是佛教菩萨。菩萨灵不灵，绝大多数人也是将信将疑、半信半疑、且信且疑的。中国道教、佛教之间也很少发生争斗，基本上和平共处。现在民间很多寺庙是佛、道菩萨同处一庙，下堂是道教太上老君，上堂是佛教释迦牟尼佛，还有中间又插一尊先师圣人孔夫子的，临川金溪交界处著名的灵谷峰寺庙就是这样。这完全不像外国一些教派水火不容，欧洲历史上就有多次“宗教战争”，如“十字军东征”等，要消灭所谓“异教徒”。现在中东地区还是这个教不容那个教，民族矛盾常和宗教矛盾纠结，错综复杂，争战不休。

中国老百姓有强烈的“祖灵信仰”，认为祖宗在天有灵，冥冥中保佑子孙。所以清明上坟络绎不绝；祠堂家庙村村都有；节庆时香纸爆竹，祭祀活动从未断绝。而且我们奉行“泛神论”，敬畏天地，万物有灵。山神、土地不消说，还树有树神，井有井神……这使我们民俗能够敬畏自然，和自然和谐相处。

中国民间一般儒释道不分，我看到很多村庄里既有寺庙又有道观，神龛上供奉的神仙有菩萨、天师、天仙，还有神话传说里的神仙，林林总总。古人说：儒门释户道相通，三教从来一祖风。红莲白藕青荷叶，三教原来是一家。大概供奉什么神灵也是依着人们内心的需求，并不存在坚定的信仰。

中国文化和中国人的人生意向牢牢指向入世。入世这个概念，把中国人的价值目标、人伦关系，都奠定于现世的基础上。作为中国文化主流的儒家，以实现修身、齐家、治国、平天下为终极目标。而道家主张隐世与避世，但隐世和避世的目的，却是为了更成功地入世。所谓无为而无不为。中国民间有个耳熟能详的俚句“狗咬吕洞宾，不识好人心”。吕洞宾修习方术，得道成仙，这是道教出世思想。他成仙之后则要“度尽天下众生”，这又体现了儒家“兼济天下”的入世思想。佛家是主张出世的，但是佛家的出世，其实质并不是要走出这个世界，而是要摆脱尘世以及自身情欲的困扰。

肃立村东的豢灵护应庙寂静无声，也无香火，不知道始建豢灵护应庙的曾氏先祖出于何种考虑，供奉的又是哪路神仙。或许豢灵护应只是心中的一种默祝吧。

通往心灵的手艺

三僚，一个朴拙得让人读不懂的村庄，一个诡秘得让人心灵向往的村庄，一个谜一样让人走不进的村庄。

公元879年，四十五岁的杨筠松初入三僚。他的到来，让这个南蛮之地的村庄飞扬起灵性的光环。出于职业敏感，他发现三僚具备作为堪舆人必备的三样家伙什儿：罗盘、包裹和伞。罗盘是山口的罗经石，伞和包裹是御屏峰山腰上形似伞盖的大杉树和树底下形似包裹的巨石。他当即预言：前有罗经吸石，后有包裹随身，子孙世代端罗盘。杨筠松似乎有些激动，在这乱世中为自己的职业找到了传承人。

· 风水三僚

· 三僚风水石

杨筠松本是一个过客，谁也没有想到他这一住竟是直至后半生。而三僚也因为他的加入被打上了“中国风水第一村”的烙印。

被誉为“中国南方风水祖师爷”的杨筠松原本是广东人，十七岁登科，后为唐王朝国师。《赣州府志》记载，窦州杨筠松，唐僖宗朝官至金紫光禄大夫，掌灵台地理事。黄巢破京城，乃断发入昆仑山。过虔州，以地理术授徒，卒于虔州于都药口坝。如果不是黄巢起义，风水或许不会成为中国民间的宗教。而黄巢起义把杨筠松推向了民间，让南部江西风生水起。

似乎也是偶然，杨筠松带着宫廷风水秘籍从长安出发，一路南下，过金寨，入鄂州，见到了刺史廖鸾。廖鸾以一种近乎虔诚的态度把杨筠松引入宁都，并把自己的儿子廖三传交给了他。其实廖三传也不是常人，他擅长堪舆，久居宁都翠微峰下的金精洞，修身养性，博览群书，已是一副仙风道骨的姿态。廖三传没有成为杨筠松的徒弟，倒是儿子廖瑀和于都人曾文辿成了杨筠松入赣之后的高足，师徒三人共同谱写了赣派风水传奇篇章。

地处兴国、于都、宁都三县交界的三僚，四面环山，资源禀赋并不优越，在三人进入之前已有沈姓人和陈姓人居住。这三个身怀异禀的人一到这里就不想离开了。在阴阳家看来，三僚活脱儿就是一张太极图，盘地中央一座独立石峰恰似罗盘中的指针，而且它

· 盘地中央罗盘石山

是标准的南北指向，大头指北，小头指南。从两个不同方向流过来的溪水，一阴一阳，温度相差几摄氏度。三人结庐而居，称为“三寮”。寮，小屋，茅寮竹寮是也。其实，古代“寮”通“僚”，后来改为“僚”并无大碍，却隐去了当年曾、廖二姓开基三僚的过往。

曾氏家谱记载了当年杨筠松卜居三僚的钳记：

寮溪山水不易观，四处好峰峦。
甲上罗经山顶起，西北廉幕应。
南方天马水流东，仙客拜朝中。
出土蜈蚣艮寅向，十代年中官职旺。
今卜此地为尔居，代代拜皇都。
初代钱粮不兴大，只因丑戌相刑害。
中年富贵发如雷，甲木水栽培。
兔马生人多富贵，犬子居翰位。
今钳此记付文辿，三十八代官职显。

我曾多次造访三僚，这个村庄带给我的不是村庄建筑的奇伟，甚至我有些不解，这个形胜之地建村不止千年，无论如何都应该留下几座堂皇的建筑，可我看到的只有一座座打着风水烙印的建筑，以及为逢凶化吉趋利避害而营造的风水景观：七星池、龟蛇会、虎形祠、犬形祠、蛇形猫眼祠、靠壁天井侧面祠、石仙宫等古代风水建筑作品，以及海螺形古墓群、卧虎形墓、猛虎跳墙形墓、凤形墓等典型的明清风格墓葬。单从这些景观的名字就能揣测其中的蹊跷，人工营造的风水景观带着宗教意味，铺陈在这偏僻的荒野中，就已经注定这僻野不再寂静。

三僚是考验想象力的地方。作为一种民俗意象，风水的文化视角博大，而其触角更是精深莫测，让人眼花缭乱。带着想象去三僚，是一件很愉快的事情。

七星池是廖姓族人开挖的七口相连贯的水池，各池名称由北而南分别为天乙池（土）、犁头池（火）、墨池（木）、曲尺池（木）、砚池（水）、半月池（金）、太乙池（土）。从意象来看，七星池犹如人的七窍，这种布局使静止的三僚血脉通畅、气血调和，充满生生不息的活力。

龟蛇相会是曾氏水口的一处景观，人们将水口直流改为曲折，并在水口北筑龟形社公坛，水口南筑蛇形长堤，形成龟蛇把水口的风水格局。

曾氏砂手是历代曾氏族人最为关注的一个部位。砂手是风水建筑的左右两翼，三僚地形为西南方位高、东北方位低，风水讲究“宁愿青龙高万丈，不许白虎半抬头”。曾氏砂手的位置在曾氏祠堂的青龙方，仙鹅孵蛋形余脉中断，曾氏族人的目的是将其填充，在村庄东北角人工堆砌一道山梁为下砂手，使之与龟蛇把持的水口相连，护卫曾氏祠堂。明初曾氏建筑下砂时，东面的沈氏村庄强烈反对，因为这里恰好是沈氏村庄的白虎方位。最终，风水国师曾从政借助皇家的力量，完成了对村落风水的整体布局。

· 三僚曾氏砂手

人们很难理解，曾、沈两家为风水争斗了数十年上百年，不知多少次曾家堆沈家拆，曾家百般无奈。明朝永乐年间，明成祖遣宫廷黄衣力士黄榜等两名太监，护送风水国师曾从政灵柩还乡荣葬。太监到达三僚后，奉命督促县衙征用民夫，在曾氏村庄的青龙方筑起一道山梁，最终完成了曾氏砂手的营造。沈家无奈，只好迁走他乡。不知什么原因，太监黄榜好好的就在三僚病故，曾氏念其督建砂手有功，将其葬于刚堆起的砂手之上。应该是惧怕日后沈家再来纠缠，才把太监葬在砂手，毕竟太监是皇家的人。

犬形祠是曾氏三房的房祠，族谱称“衍庆堂”。整座建筑像一只侧卧的灵犬，处于睡眠状态的犬依然警觉，能听到远处传来的细微声音，只有一进，高约三米，开有一个与整体建筑不对称的大门，是犬的嘴巴，占据了祠堂正面的2/3。大门的两边有两扇奇大的窗户，是犬的鼻孔。在祠堂的左侧开有一个小门，象征进气的犬耳朵，台案、香炉、祖宗牌位设立在右边，只有这个位置才能吸纳犬耳进来的生气。两扇奇大的窗户突出了犬的鼻子。犬形祠建好后，三房人财两旺，成为三僚曾氏人丁最多的房支。

蛇形祠是三僚玄机四伏、最有说头的一处风水景观。位于北后龙山下的半坑头，族谱称“承志堂”，建于明代中后期，由风水大师廖炳择址定向，壬山丙向兼亥巳，喝为金蛇挂树形。祠后的两棵古香樟树一雌一雄，有六百多年历史，后山如灵蛇蜿蜒而下，这座祠堂就建在“灵蛇吐珠”形的山坡上。祠堂有一院墙，大门后建一照壁，向右穿行一条小巷，才能进入祠堂，犹如穿行在蛇洞之中。穴位点在蛇的七寸，院门丙方正是蛇口，壬山兼子向。整座建筑围绕着蛇的特性，设计得弯曲逼仄，不对称。祠分五房，抑二房而救四房，是三僚曾氏阳宅作品中体现风水术中房分轻重的代表。曾氏人说，二房不孝，所以请舅舅廖炳来整治他。但是母亲心疼儿子，再不孝也是自己身上掉下的肉，吩咐弟弟适可而止。廖炳听了姐姐的话，在香案前的地上放置一个香炉，凡二房子孙进香必须跪下。听完这个故事，当真令人毛骨悚然。

· 三僚曾氏蛇形祠

曾氏虎形墓，位于廖、曾两姓交界的阳背垴枫树下，是北宋曾氏十八世祖曾玉屏的墓，坐向为申山寅向兼庚甲，庚寅分金，点骑龙穴喝虎形。墓碑文曰："石淳觉春仙榻暖，佳城不夜来灯辉。"相传杨筠松断言曾氏在三僚"初代钱粮不兴大"，因而曾氏迁居三僚初期，十几代单传。曾玉屏葬入虎形墓后，丁财骤发，遂为千烟巨族。此墓为寅向，寅为虎，墓形也造虎形，虎头、虎目、虎爪俱全，呈虎卧状，与山坡下的犬形祠遥遥相对，是三僚阴宅风水建筑的代表。

诸如此类风水作品，三僚还有很多，"中国风水第一村"的美名，三僚实至名归。立于山口的三僚牌坊以一副楹联显示地标："自然山水好风水，天地乾坤良云天。"横批：风生水起。

去三僚，拜谒杨公祠是必须有的内容。杨公祠始建于元代至正年间，后来遭毁，现在看到的杨公祠为公元2000年重建。祠堂门庭石雕刻画了杨筠松一生中经历的几个重要事件，包括九天玄女授书、杨公看风水、杨公出游、杨公著书、杨公进政五幅图案，

·三僚杨公祠

粗略概括了杨筠松一生功绩。大门楹联为“学究天人泽被九州士庶，功参造化名倾万国衣冠”，庭内柱联为文天祥亲题：“学识达天人每见滕公开石廓，忠贞贯日月无惭唐室掌灵台。”前殿供奉杨筠松和曾文辿金身塑像。元朝，杨公和曾公雕像完成后，大学士欧阳玄有诗赞曰：“大道无形，公独有像。神仙不死，公独有葬。”大学士的话似乎不好理解。杨筠松，世称杨救贫，有关他风水救贫的故事，民间多有流传，他在民间的形象是正面的，多为正能量。一般的说法是他泄露天机，因此无后。可他虽死犹生，万世景仰。

三僚吸引我的不是奇伟堂皇的古建筑，而是说不尽的风水故事。曾、廖两姓自先祖曾文辿、廖瑀师从杨筠松后，家承代代相传，历朝国师辈出，五代十国、宋、元、明、清各朝约出国师24位，享誉海内外。明代三僚风水先生更是皇家御用风水师，先后有数十人奉诏供职于钦天监衙门，专司皇家风水职事。紫禁城、明十三陵、明长城等建筑都由三僚堪舆大师参与勘择。

廖文政主持了十三陵中原有的长陵、献陵、景陵、裕陵、茂陵、泰陵、康陵七陵的维修工程，随嘉靖帝到湖北钟祥为其父母堪择了显陵，并为嘉靖本人堪择了永陵。曾从政两次奉诏进京，相造皇太后寿陵，择定长城九镇屯军要塞，相卜天坛祈年殿址，故于北京，太监护柩还乡荣葬。廖均卿主持修建长陵，明成祖朱棣授钦天监灵台博士，故于北京，也是太监护柩还乡荣葬。廖胜概随祖父廖文政建造永陵，敕授钦天监博士，与海瑞私交甚厚，海瑞赠诗：此夜殷勤话知己，明朝帆影带云流。无私无畏、不信鬼神的海瑞却尊重风水，足以说明风水直达心灵。其实，风水在官与民之间有一种共同的认知和默契，这是不言而喻的事实，或许也是风水能够扎根中国的原因吧。

坦率地讲，我看到的三僚，村庄面貌很糟糕，布局不美观，环境也不好。其中的原因大概也是因为风水。三僚家家有罗盘，户户懂堪舆，三僚的房和坟无不是深思熟虑后选址，小心翼翼地改造，村庄的房屋各有各的朝向和设计，杂乱无章。坟墓也不集中，各家找各家的福地，零零落落，借地势而建。我在想，堪舆是一村的堪舆，村庄讲究布局，天人合一，人与自然和谐共生。堪舆是一家的堪舆，那么这个村庄则无章无法。时代在变，环境亦在变，风水理论不能千年不变吧?

三僚人告诉我，目前三僚有5000人，其中行风水的就有400人，占比之高全国独有。行风水是帮助人们实现期愿，收入自然不会少，在三僚行风水的收入超过这个村总收入的一半，是三僚的支柱产业。三僚人都有一种心理，总想撇清风水与迷信的关系，再将其与算命卜卦区别开来。其实这又何必呢？风水是一门通往心灵的手艺，正如人们信神拜佛一样，无非实现内心期愿的行为方式不同而已。80后风水师小曾说："风水，就是给生者找一个舒服的居所，给逝者找一个让生者放心的居所。"这话说得实在，其实我们倡导的和需要做的正是一种能够协调各方面关系又能够让自己心安的事情。

风水是蕴含丰富意象的民俗文化，在民间的影响广泛而深远。风水是科学，还是迷信？古往今来，人们一直争论不休。古人把风水归并为方术，叫"玄术""青乌术"时是迷信，叫"堪舆"则是科学。人们对风水信仰笃定不移，其形成的原因复杂，主要是古代先民生命力脆弱，人们出于安全和自我实现的需要求助于风水术。卜居是最为普遍的一种。从某种意义上说，风水之于苦难民众具备了宗教性质的人文主义关怀的功能。古代遗存的建筑和园林作品有几件不是风水的产物？19世纪时，英国人伊特尔在考察中国风水文化后写了《风水：古代中国神圣的景观科学》，在伊特尔看来，风水是神圣的，是景观科学。风水并非中国特有，外国人也讲风水。

风水是一种古老的哲学，更是一门研究环境与宇宙规律的学问。元气和场能叫作风，流动和变化叫作水。风水说到底就是相地之术，采用临场校察地理的方法来对事物进行描述评估，也叫地相或者堪舆。当风水成为一种职业之后，难免会成为风水术士们故弄玄虚的把戏。

三僚引来众多的观光游客，也迎来了一拨拨儿海内外同行前来切磋交流。

三僚与自然天地对话，通达心灵。千年传承的手艺诡异而灵动。

第七章 秩序与仪式

秩序是村庄治理的核心问题，从西汉至今未曾改变。村庄秩序不仅要依靠高度自觉的族规家训来完成，而且要依靠仪式来推动。仪式是文化的重要元素，这种看似没有实用价值的行为举动，却赋予了村庄独特的个性。祭祀是村庄最大的仪式，跪下，然后就会有信仰。

钓源樟树林

早听说钓源樟树多，没想到竟是这样的铺陈。村前的山坡以及村后的低冈满满地都是樟树，蓊郁壮阔。风从南方吹来，力量明显不足，无法穿透密匝的樟树林。薄薄的晨雾延长了鸟的春梦，林子里，啁啾呢喃、富有磁性的声音婉转悠长。被樟树林包裹着的钓源，宁静温馨，似乎不只有天空与之想象。

在南方，樟树并非稀罕物种，司马迁《史记》中记载“江南出樟”，可见樟树历史久远。樟树又名香樟，属常绿乔木，气味芳香，是涵养水源、防风固沙、美化环境的优良树种。自古以来，

· 樟树林环抱钓源古村

摇曳多姿的树木风情万种，频频入诗，而樟树一年四季保持不变的姿态，自然不是入诗的理想用料。李白“挥手杭越间，樟亭望潮还”，白居易“富阳山底樟亭畔，立马停舟飞酒盂”，诗好，却奈何独一个“樟”字，好在还有杜甫的诗“豫章翻风白日动，鲸鱼跋浪沧溟开”，写出了樟树的威猛气势。

樟树是超级大树，生长茂盛，浓荫蔽日，长于山冈之上、溪流之畔、村野之中，似乎习惯了孤独的姿态，鲜见浩瀚的樟树林。钓源擦亮了我的眼睛，在樟树林中行走，徘徊于天钓广场，心里想着，是怎样的人文关怀留住了这满冈的樟树林？

在吉安，民间有一种说法，有村就有樟，无樟不成村。吉安人如此看重樟树，其俨然一种神树。在文化记忆较强的村庄，几乎都可看到几百年上千年的古樟。按照古樟的形状、特点，人们赋予其拟人或拟物的名字：将军樟、相公樟、夫妻樟、母子樟、美女樟、连理樟、狮面樟、返魂樟、滚龙樟、空心樟等，不一而足。滚龙樟是一种巨樟，卧地而生、匍匐前伸，像红薯蔓一样着地生根，如龙盘身，弯曲迂回，沉浮隐现。仿佛一位历史老人，带着时间酝酿的芳香氤氲飘散，蕴含日月凝聚的光华照耀大地。空心樟着实很老，时光在树干上凿了一个大洞，可以放下一张桌子，那蓬勃的树冠豪迈地抒发着不朽的情怀，让村庄的子孙无法放弃对它的景仰。在樟树下嬉耍的儿童或许并不知道，多年以后老樟会是故乡的模样。而村庄里垂暮之年的老者仰望老樟，内心该是怎样的惆怅？你守望我成长，如今我老了，你还能守望我的儿孙慢慢变老。这是一个行将就木的老人的声音，他的眼睛虽然混沌，但他的心里依然敞亮着岁月的关怀。

人与树的交集在烈日当下的晌午，树与人的情结在相知相守的荒原。几千年的传承，几千年的故事，交替着一个家族、一个地方的兴衰，情节起伏跌宕。

世间万物因稀少而名贵，可樟树是因名贵而稀少。樟树全身是宝，传统榨油坊的油槽木多半取材于樟树，吉安人嫁女作兴用樟木箱子陪嫁，樟树纹理细密，坚硬美观，还是上好的木雕材料。樟树的根、枝、叶、籽可以提炼樟脑香丸、樟脑香油，进一步提纯可获桉油、白樟油、红樟油、黄樟油，广泛应用于医学和家庭生活中。樟树有如此多的妙用，注定难逃厄运。我记得我的故乡原本有许多古樟，20世纪70年代人们伐樟以资村庄通电，村庄改善了照明，却迷失了原有的风姿。这样的悲情我懂，急功近利的现实需求，让今天的人们遭遇了太多尴尬，甚至报应。回头看，文化选择竟然决定着我们的出路。

钓源是幸运的。这个位于古驿道旁的千年古村，依然保持着传统的风姿，吸引许多人前来观光，在这各色人等中，不知有多少人惊羡这浩瀚的樟树林。据说钓源人靠着古驿道的交通便利经商发家，有财富象征的高墙大院和精美木雕可以做证，古老的苍柏可以做证，这些由钓源商人从西南带回来的垂丝柏，已经在钓源生长了四五百年，还有米芾手书、欧阳修大沱石砚、苏东坡端砚这样的稀罕之物可以做证。南方的这一片樟树林成就了一个千年古村的辉煌，把欧阳氏家族的荣耀永远注释在南方的这一块沃土上。

·欧阳氏宗祠前的旗杆石

钓源的幸运或许还不止这些。金钱和财富没有玷污人的本心，钓源人没有把手伸向眼前的樟树林。一千年来钓源人筚路蓝缕，始终保持着耕读传家的心性以及志存高远的心气，建村以来，走出了20多位进士、举人，这样的村史何等辉煌。吉安市原副市长郭庆亮为天钓广场撰写的《天钓记》，文采飞扬，气势磅礴，写出了钓源的神韵。

撩开葱郁含烟的古樟，细品庐陵文化的叶脉，谁晓得这经风沐雨的钓源，在物华天宝的庐陵大地上曾经何等辉煌。传说中这漫不经心的一钓，像磁石般吸引欧阳氏的后裔在这风水宝地筚路蓝缕，如春蚕吐丝般织就了钓源的繁华与风姿。

这极富浪漫诵颂千年的人龟对话，让我们如何解读？钓者饱经风霜的神态，是洒脱飘逸仙风道骨的张扬，还是触目惊心激情燃烧的渲示，是随心所欲宽慰从容的凝固，还是斗智斗勇物我皆忘的写照？是似钓似网的天钓，还是非钓非网的钓天？而积日月光华、皇天后土灵魄腾空奋起的神龟，于钓源，是气之浩然，还是源之迸发？于钓者，是灵的撞击，还是智的共鸣？这绵长历史瞬间的定格，无疑给钓源平添一段仁者见仁、智者见智、解读不息的永恒话题。

我来钓源，仍然带着我的眼睛和我的心。我站在高处看钓源，山坳里的村庄古朴秀丽，村中央的塘如眼睛一样，瞅着山坳两边的房屋，于分合中见无隙。如此布局宛如世外桃源，天人合一的境界浑然天成。钓源村老村长欧阳钟麒先生的话语犹然在耳：樟树登登，发子发孙；落叶层层，万古长青。族谱记载，钓源欧阳氏祖先几代单传，始祖欧阳万，唐僖宗乾符年间（874—879）任安福县令，万生和，和生雅，雅生效、楚，直到第五世欧阳弘钧

· 欧阳氏宗祠前的连心塘

源开基，才有兴旺的迹象。我注意到欧阳氏祠前面的一处物象，两眼小塘被垫砌成心字对称形状，中间一棵连理樟，寓意夫妻恩爱，充满了欧阳氏先祖对子孙繁衍、人丁兴旺的期许。

村庄的繁衍充满变数。欧阳弘在钓源定居后，传至第五代共有五子，分为“仁、义、礼、智、信”五派，其中的长房“仁”派和少数“信”派守着祖居地。谁知传了四代以后，长房“仁”派长子欧阳茂实膝下无子，眼看着香火不能传承，钓源人甚为着急。这时北方被元军占领，欧阳修的后裔一部分逃往南方避难，第七代中欧阳腾流落庐陵。钓源欧阳氏与欧阳修同宗，欧阳修的高祖与钓源开基祖欧阳弘是叔伯兄弟，钓源人说服欧阳腾过继给欧阳茂实为子，改名欧阳胜。从此，欧阳胜一族在钓源繁衍生息，人丁兴旺，这便是钓源欧阳氏尊欧阳修为祖的理由。钓源人为欧阳修修建了“文忠公祠”，其代表着钓源的精神向往。

· 钓源欧阳氏宗祠

·欧阳氏宗祠内左钟右鼓

·民国五年（1916）重修欧阳氏宗祠族务公开碑刻

我一向以为，祠堂里藏着一个家族兴衰的密码，解读密码必须走进祠堂。惇叙堂是钓源欧阳氏的总祠，这座三进祠堂建筑虽不宏大，却蕴含着家族繁衍和中兴的逻辑。“惇叙”二字源于《尚书》“惇叙九族”，惇为淳厚，叙为勉励，是欧阳氏祖先对族人的告诫与劝勉。祠堂天井的设计别出心裁，前厅大天井与上厅两边的小天井，构成一个“品”字，天井上方相应的三个檐口，同样组成一个“品”字。品是做人的根本和修身的境界，让我浮想欧阳氏祖先文章节义的大家风范。中厅安放的钟鼓，让我听到曾经的晨钟暮鼓，想起陆游的“百年鼎鼎世共悲，晨钟暮鼓无休时”。祠堂的地面有用半砖镶嵌的圆圈，脸盆大小，有规则地排列，上厅靠近祖先灵位的一层有3个圆圈，下一层有8个圆圈，中厅和下厅同样镶嵌着数量不等的圆圈。祠堂是祭祀的圣地，很明显，这些圆圈是欧阳宗族祭祀时的排位，最上面中间的圆圈是族长的席位，旁边两个陪席是族中长者的席位，下一级的圆圈则是各房房长的席位，中厅和下厅的圆圈按辈分排列，长幼有序。一座祠堂诠释着中国历史：站位就是秩序，而仪式则是维持秩序的典礼。

据说钓源古村的形态是按照八卦进行布局的，这一点为许多人津津乐道，遗憾的是，钓源曾经遭受太平天国军队焚劫，模样已不复从前。从村庄的遗存看，钓源对于风水的营造可谓登峰造极，山坳里原本可以造一片田供人耕种，可钓源人奢侈地“挥霍”了田土，由东向西造出了七口塘，宛若七星拱月，点亮了村庄。

· 钓源村中心

我常常怀着敬畏的心走进古村，自然不会忽略古村的每一处存在，但是我更在乎古村的心灵。钓源让我惊诧的不是古村的形态，而是长在古村心灵里的樟树林。

东龙千手杉

我不知道是不是也有人如我一样，不能体察东龙“架上金盘”的韵味。第一次去东龙，走的山路似乎没有这么崎岖。这一次去，走过的路正在改造，循着提示的方向在山道上绕来绕去，下山的时候却是一眨眼的工夫，眼见四面环山的一块盘地，依山是青砖灰瓦的古民居，无疑就是东龙。高山上的一块盘地能不是“架上金盘”吗？

位于宁都东大门与石城交界的这个地方在公元967年（北宋乾德五年）被人识得。石城人李翊俊常在这一带打猎，这个盘地给他的印象极深。似有仙人指点，这一次灵光闪现，他看盘地四面的山似龙似凤似狮似象，这觉悟着实惊到自己。他想，此处建村岂不有“龙飞凤舞，狮吼象行”的生气？事实上，李翊俊迁居东龙，并没有他期待的那么顺，繁衍的路曲折而漫长，甚至差一点根脉断尽。族谱记载，东龙李氏自迁居以来四代单传，到第五代才出现转机，留下两根香火，后来的东龙李氏也才得以繁衍。可以说，宋元两朝东龙李氏平静而寂寥。

我没有理由怀疑东龙好风水。或许好风水是匠心规划和营造的结果。东龙盘地蜿蜒流过的三条河溪，以田埠河流域面积为最大，这条发源于石城塘胜岭的小河流经东龙，与文峰溪、龙溪合流，形成跌水礤汇入固厚河，正好契合风水意义上来水长、去水短、水流平稳曲折并以环抱村落为佳的意境。东龙人巧妙地利用了这三条河溪，大量开挖池塘积水造势，使得东龙这条船顺风顺水。从实际需要考量，东龙地处高山盘地，一旦干旱，人畜用水和农田灌溉都将面临困难。挖塘的过程中，先民的慧悟被运用到荷锄的手中，一口口塘就有了各式各样的形状，如曲尺塘、七字塘、扇面塘、月亮塘、蒲扇塘等，盘地里如眼睛一样明亮起来。

· 东龙池塘

百口池塘成就了东龙旱涝保收的“高山水乡”的美名。在水口文峰塔位置俯望东龙，池塘连接如湖一般舒展，金黄稻穗长在湖中，塔映湖心分外妖娆。诗曰：“七层古塔插云霄，倒影湖心景孰描。追会都堂当年赐，万载流芳仰高标。”祖先的创造令后人景仰。

东龙对水的营造达到了极致，在东西长、南北狭的猪肚形盘地上，形成三溪循环回流不绝的天门开地户闭的绝佳风水。村落按照顺水而下的船形格局依次布局，最重要的建筑李氏上下祠、胡公庙与玉皇宫安排在船的核心部位前舱，居民住宅安排在后舱及船舷两侧，与村中的几处主要建筑形成向心辐射排列，天然而成三个相对独立的空间：村东南以房祠和民宅为中心的人居空间，村西南以李氏上下祠为中心的祖宗祭祀空间，村西北以胡公庙、玉皇宫为中心的神灵祭祀空间，在建筑格局上充分体现了以等级制度为核心的封建秩序。

明朝以后，东龙李氏人丁兴旺，鼎盛时期超过800户、5000人。凭据赣州东大门的独特优势，东龙一度成为由赣入闽的商品集散地。聪明的东龙商人经营布匹、食盐、茶叶，东出福建，南下广东，成为富甲一方的豪门望族。在东龙富商中，无论如何，李仁方都是一个人物，他给东龙留下了百间大屋。人称“东里一望”的百间大屋，始建于公元1734年（雍正十二年），竣工于公元1737年（乾隆二年）。这一类似客家围屋的建筑组群包括东圃、西园和仁方祠等部分，由祠堂、住房、学馆、绣楼、仓库、庭院、雕楼、护墙等组成，总面积4300多平方米，拥有住房百间，故名“百间大屋”。

· “东里一望”百间大屋

位于村西北兔形山脚下的总祠，远有朝山近有案，左右砂手远近高低适宜，祠前一片开阔的水田，田中间还有一口水塘。所谓“明堂开阔，座位端正”，水主财气，水聚于塘，财聚于家，而视野广阔造就了有胸襟、有胆识、有作为的后人。

中国人对风水的信仰实际上是对千秋万代的祈愿。李腾蛟在东龙历史上留下了浓墨重彩的一笔。明亡后，魏禧、魏际瑞、魏礼、李腾蛟、彭士望、林时益、邱维屏、彭任、曾灿九人学伯夷叔齐之节，结庐翠微易堂，躬耕自食，不事清廷，成为清初最有影响力的文学集团。“易堂九子”中李腾蛟最年长，他死后，魏禧评价道：“二十年非法之物勿服也，非法之人勿见也，可不谓贞乎？性诚厚爱人，与人熙熙然惟恐伤之，虽子弟门人犯之勿较，可不谓惠乎？”此子铸就东龙气节。

对于上下祠的位置我有些不解。上祠明明是小房，为什么建在上手边？仅仅是上祠先建下祠后建？或许不是这么简单。小房祖先李瑚是北宋皇祐年间制科进士。制科考试是唐宋都有的一种特殊的考试制度。科举考试每三年一次，而制科考试则不定期，参加制科考试的人由朝中大臣推荐，皇帝亲自出题。我查阅过有关资料，宋朝制科考试进行过22次，通过考试的只有区区41人。这个情况足以说明李瑚不简单，作为他的后人似乎有理由心高气傲。从祠堂的形态看，这座建于明洪武年间的祠堂，属府第式结构，门面为“凹”字斗形，人称“老鹰形”，寓意子孙展翅高飞。正如祖先期待的那样，上祠一脉远走他乡，留在东龙的不过寥寥几户。

而下祠的建设备尝艰辛。这座始建于明正统九年（1444）的祠堂，历经李思常、李思恒兄弟子孙三代四十余年，到明弘治四年（1491）才得以建成。从上下两祠的情形看，两祠相距仅50米，同在一条轴线上。为了不阻挡上祠的朝向，下祠的造型略显低矮，形似俯卧生蛋的母鸡，人称“鸡婆形”，寓意子孙人丁兴旺。系出长房的李思常能做到这一点很不容易，他不以长房自居，自觉维护上祠的利益。族谱记载，李思常擅于经商，乐善好施，族人为了表彰他，特许在上下祠边上营建东山祠。如今系出长房一脉的人口占了东龙李氏的绝大部分，这正好说明好人好报的朴素道理。

这座门楣上高悬“李氏家庙”匾额的建筑，虽然受了地理位置的限制，不能建得太大太高，但是感觉特别宽敞明亮。设计者采用“梁挑介柱”技术，祠内不砌墙，用杉木圆柱作为介柱，屋顶用方木横梁穿缝斗榫支撑，使得空间视野开阔，让人感到整个建筑宽敞大气。外墙采用“喜”字头形木料做框架，减轻墙体负荷，既减少木料用度，又起到装饰作用。工匠们将榫头设计成鲤

· 东龙下祠

鱼、莲花、龙凤、麒麟、象鼻等形，避免建筑单调、沉闷，使得整座建筑庄重简朴，清雅秀丽。

对祖先的信仰是中国人心里最强大的精神向往。明朝中后期东龙翻天覆地，气象万千，经过近四百年的砥砺奋斗，东龙李氏人口和村落逐渐形成规模。而祠堂作为安放祖先灵魂的建筑，被富有的东龙人视为第一要事。随着东龙总祠的落成，房祠、支祠亦如雨后春笋拔地而起，全盛时期大大小小的祠堂有上百座。风雨剥蚀，留到现在的仍有48座，其中相当一部分保存完好。其建筑结构、室内装饰、门窗木雕都别具一格，至今仍然灿烂夺目。

对祠堂的重视，除了数量上的追求，还有规制上的讲究。东龙的祠堂没有太多的雕梁画栋，整体简单朴素，但是特别重视门窗的装饰。锦格窗是东龙较为普遍的一种建筑装饰，鼎形被普遍用作中间的主图，古代士大夫“钟鸣鼎食”，难道偏安一隅的东龙人心存这样的幻想？实际上，耕读传家一直是古代中国农村的价值选择，人们希望后人拜官封爵显赫一方。东龙也不例外，从某种意义上说，这种愿望更为强烈。明清两朝，东龙出过文武举人5名，庠、廪、增生300名，贡生40名，其中授予官职者80多人。到了清代，捐纳成为富甲一方的东龙人获取功名的重要手段，清嘉庆至光绪不到一百年间，捐纳获取国学生、例贡生的就有238人之多，获得各种官衔的有197人，可以想见当年东龙人何等热衷于功名！为祖宗争光，族谱上留名，似乎是东龙李氏的传统。李仁方三代捐官都捐到了赠儒林郎布政司经历，在江西甚至全国都罕见。

东龙建筑装饰工艺高超，同时表现了主人内心的美好祈愿。

水是财的象征，为了留住财，人们在天井建了一个水槽，让四方的雨水集中到水槽，寓意东西南北财都到我家来。下水口呈铜钱形状，铜是黄色，雨水是白色，寓意银线穿金钱代代用不尽。下水口呈桃形，桃子代表寿，南方多雨水，“水”与“岁”谐音，寓意“多岁多寿”。人物雕刻堪称东龙一流，建于清朝乾隆年间的俊人祠之求文图中，书生鼻子一扭，一股伤心跃然木上，其文质彬彬的样子十分传神；求武图中，男子雄赳赳气昂昂，与妻子辞别，习武者以天下为家的豪气表现得淋漓尽致。

· 犬牙交错的古今建筑

祠堂是安放祖先灵魂的圣地，祭祀祖先才是建祠的目的。我一直想着在走访中逢着一场祭祀的仪式，但没能如愿。东龙祭祀固定在清明，而我此时也回老家祭祖了。李良锦老师曾给我讲述了东龙祭祀的景况。

祭祀是东龙每年必需的最隆重的仪式，时间固定在清明节这天。参加祭祀的人包括族长、各房房长、斯文长、斯文、耆老，以及对宗族有特殊贡献者的后裔。祭祀程序分斋戒出宿、娴习礼仪、奉主就堂、夙堂陈设、行礼。祭祀前主祭、分祭及工作人员一律斋戒外宿。祭前洒扫祠堂，昭告神明，并奉主牌于席间，堂上要按指定位置设香案、供品、洗脸盆架、茅沙、毯条等祭祀用品。这一切准备停当，一场庄严的祭祀仪式就开始了。一行参神礼，二行初献礼，三行亚献礼，四行终献礼，五行侑食礼，六饮福酒，七行送神礼，八行撤馔礼。在这种看似简单年复一年的仪式中，人们叩问着“我们从哪里来，要到哪里去”。

祭祀虽然每年一次，但用度不小，东龙专门设立祭产。祭产主要用于修理祖祠、祖坟、祭祖等，推举总理、副理，按房轮值负责当年祭产收缴、祭祀等一切事宜。族谱上翔实记载，下祠所属各房，包括慎斋房、育斋房、芸窗房、草塘房、思忠房、南畴房、清馆房、石南窗房等祭产78起，计租谷7500多石。这些捐赠无疑饱含了族人对祖先的敬仰。这种传统延续至今，每年春祭排队捐赠者络绎不绝，东龙人以被接纳捐赠为荣，这种现象在我走过的许多地方不曾见过。

朴实厚重的族风源于与生俱来的祖宗血脉，或许还源于后天族规家训的教化。李仁方一家三代致力于村中公益，修祠、兴学、济贫从不落人后，以至他的神位得以配祀很多祠堂。许多李氏富商都乐善好施，热心公益，并建起了如“图会”“桥会”“学租田”“房份田”“义仓田”“冷酒会”“谷雨会”等公益机构和基金会。一个古村能延续千年而不败，其中爱心无疑是黏合不同阶层和谐相处的无价之宝。

秩序是村庄治理的核心问题，从西汉至今未曾改变。村庄秩序不仅要依靠高度自觉的族规家训来完成，而且要依靠仪式来推动。仪式是文化的重要元素，这种看似没有实用价值的行为举动，却赋予了村庄独特的个性。祭祀是村庄最大的仪式，跪下，然后就会有信仰。

东龙以“百座祠堂、百口池塘、百间大屋”而名动江西，被誉为“中国江南第一宗祠村”、中国封建宗族社会繁荣和谐的典范。

附族规：

孝敬父母

生我者父母，幼而鞠，长而教，抚育之劬劳恩深似海。不敬父母，其心何在？对父母切不可失养失孝，毋忘恩义。

和睦兄弟

兄弟同根生，如同手足。兄弟之间，宜相依恃，和睦相处，患难与共，切不可因名因利伤害骨肉。

睦宗谊

百千子姓，无非一公之子，同脉同源，后出派祖，汇房而成族，积族而成国，不睦宗族，其心何隘也！凡我族人，不能尔虞我诈，毋凌毋侵，不伤元气，避免房派分歧。

勤职业

四民各有职业，即务工，必幼学壮行，显亲扬名，才为孝子。若挂名学，而不及时努力，以致蹉跎岁月，迄于无成，真世间之弃物也！凡工农商贾，各勤其业，足以养父母，扶妻子，不塞饥餍命，亦不失为良民。如若游手好闲，冻馁之余，放辟为非，上辱祖宗，下羞子孙，有何面目，何以对人？

严家训

男正女端，为人所喜。子女不教如禽犊之爱，故孟母三迁，朱子家训，乃重教而言谨也。然行莫丑于盗贼，而端每发于婴孩，儿女虽小，必教于廉耻，少时掏摸，长必加甚。稗史载一盗，犯大辟，其母泣与诀，盗与母耳语，遂啮去母耳，怪之曰：少时偷一瓜饲母，母不问，再偷一衣衣母，心喜手习矣，就至如此，今日之死，母所治也。倘偷瓜时，痛惩儿弊，不至于此。言毕，盗就刑，母亦血流被面而死。教儿女者，防微杜渐，岂可不慎？

急公赋与公款

正当之供，理所当尽。凡遇上级政府开征抽款，宜争先缴交，或遇困难，亦应多方设处，以急公务。倘一年不缴纳，积至两年又不能支，身受指责，难免于惩处。坐追供应之费加倍，失算甚矣。

重贤能

尊贤敬能是美德，有史以来，历代重之，贤者能为人表，能者可为人师。其学可以传，其技尤可学，不尊贤敬能，诚愚昧可笑也。如有学业超群者，因家境贫困，无法深造，将有辍学之状时，宜扩大胸怀，放眼世界，可设法援助。

重祭祀

叶茂思根，饮水溯源，报本追源，行祭祀礼，孝敬祖宗，义不容辞。凡我族人，须诚心诚意，切不可随便，更不可怠弃。

建坟茔

坟墓勒碑，昭其辨也，今之立碑者，公墓只刻号，妣墓只刻氏，立石只刻私名，种种疑拟、冒滥滋生。今后立碑，公墓必须以祠派分注号下，妣墓必须刻某公之配某氏，立石孝子必刻祠派，庶详分明，不至蒙混。若清明拜醮须认真，若墓颓倒要修好。无后之墓亦宜遍及。至于支房祖父应宜及时挂醮。

蓄林木

林木可防水旱灾害和水土流失，浓荫绿葱，美化环境，望气兴焉。任意滥伐，林木不可胜用，法理不容。

· 东龙千手杉

每次离开东龙时，我都要去下祠墀上再看看。祠前宽大的墀上正对着祠堂建有一巨大照壁，当年李思常在壁前栽种了两棵杉树，诗曰："建祠植杉自东山，千秋遗下不等闲。此树生成真奇异，留得真迹在人间。"这两棵古杉如今已是十分苍老，粗大的树干上，瘦硬的枝条像一双双饱经风霜的手，人们称它为"千手观音"。这个意象在我脑中树立后再也抹不去了，再去东龙的时候，我问东龙村党支部书记李方华，树与祠是一种怎样的联系呢？李方华不假思索地回答我：祠是鸡婆形，我们这些小鸡崽就喜欢在树下刨食。他的回答让我豁然开朗。

爵誉千年殊

地处罗霄山余脉的螺溪盆地竟是方圆数十平方千米的平畴，南溪、螺溪、禾市三镇分治于此。源于罗霄山的灉水穿越盆地，是数万亩农田的命脉。

井冈山下的这块黄金宝地早早地就被人涉足。《泰和县志》记载，螺溪盆地在西汉时就有村居，到唐朝的时候，盆地中人口数千，已是牛羊遍地、瓜果飘香、稻浪翻滚的富庶之地。

灉水过槎滩落入平原，或许是河中常有牛过的原因，人们把平原上的这一段河流称为牛吼河。处在牛吼河东南岸的爵誉村，过去被人叫作龙源，居住着朱、皮、兰、丁几姓人，后来又有周、康、张、肖几姓人先后迁入，各自以姓氏为村名。谁也没想到，从东吴迁来的周、康两姓改变了龙源的历史，百年之间几姓人口陆续迁离，龙源便成了周、康两姓合族而居的村落。

周氏开基祖周矩避“黄巢之乱”迁居于此，较之康氏稍早些。宋朝周氏子孙14人考中进士，公元1042年（庆历二年）周倚、周伦、周僎三兄弟及侄周庆章同登皇榜，“一门同榜四进士”誉满朝邑。其后又有周中和中了进士，仁宗御笔易“中和”名“中复”，赞周氏科第蝉联“爵崇誉隆”。爵誉村名由此而出。

· 爵誉康氏宗祠

其实康氏亦不寻常，自康氏开基祖康子行南唐时从金陵迁入，宋朝出了护国将军康友政，被封为“大司马”，明朝康奎是明孝宗朱祐樘的老师，后出任靖江王府长史司左长史。历史上周、康两姓进士42人，其中康氏进士17人，是名副其实的“中华进士第一村”。

明嘉靖五年（1526），进士、给事中曾忭撰《永誉堂记》盛赞爵誉：

> 吾邑爵誉周氏，先世南唐御史矩公，自金陵徙今信实里，而独以爵誉称者，何由？周上世贵显，逮宋，贤才鹊起，科第蝉联，仁宗特赐里名爵誉，以旌其盛。周之子姓不敢忘君赐，既榜诸门第，而复颜其堂曰永誉，甚盛心也。

爵誉辉煌，置身村中，古建恢宏，气势磅礴。据两姓族谱记载，爵誉曾有宗祠50座、庙宇20座，现今保存完好的有祠堂、庙宇、书屋20余座以及大量的古民居。穿行在古巷深院，爵誉千年殊荣尽收眼底。浓缩在建筑里的历史，宛如一部大书，每个牌匾石刻都有一段故事或者佳话。明代祠堂的空旷似乎忽略了时间跨度，使得空间维度无限拓展，以至让人双目迷离。这或许便是明代祠堂的神性。

久大堂为周氏总祠，始建于公元1618年（明万历四十六年），坐北朝南，祠前坪上有塘，塘前是东西穿流的小溪，堪舆家称为玉带，祠后樟树林呈七斗星排列，环境庄重幽雅。祠堂为砖木结构，前中后三进，附左右厢、庖厨和四个天井组合，包括寝、厅、堂、厢、庑、廊、庖，组合完美。正门初建原为门廊和鹊巢装饰，民国时修缮后不知为什么改成连弧波浪形，从外表看有一些西式教堂的味道，但祠堂里面未作变动，仍然保持明代祠堂的特性。祠堂正面设左中右三道大门、八道墙柱，正门中四柱嵌有楹联，其中一联说周氏源流："监察西台唐御史，银青光禄宋大夫。"匾上首立有黄庭坚手书"儒学坊"匾，这说明周氏在宋时应该还有一座建筑，祠堂建成后，族人把黄庭坚的手书移到了祠堂上，与石刻竖书"敕赐爵誉"匾一起，共同张扬周氏上世贵显、人文蔚起、贤才辈出、科第蝉联、爵崇誉隆的显赫荣光。祠堂前厅藻井倒悬八卦图案，祠正厅中悬挂进士周应鳌手书的"久大堂""名宦乡贤"匾，左右悬挂的牌匾以及正厅堂柱和后厅的牌匾楹联，无不记载着周氏光辉灿烂的历史。这个祠堂的特别之处，在于左右厢两层阁楼，极具江西建筑风格，是明代祠堂建筑中难得一见的精品。

孝德堂为康氏总祠，始建于宋靖康元年（1126），当时人少力薄，祠堂建得矮小简陋。明代人文蔚起，重建为梁柱大祠，至清乾隆时大兴土木扩建祠堂，形成现在三幢两天井四位一体（祠堂、厨房、义仓、学舍）的庞大古建筑群。康氏总祠历经宋明清，或许有些许宋风和清代的细腻，但总体风格保持了明代祠堂建筑的宏大气象。三进两天井布局严谨，厅厅相连，幢幢相通，石墩奠基，巨柱竖立，横梁相接，丝丝相扣，雕梁挑檐，角花托梁，136根屋柱落地，400多根横梁悬空，下厅左钟右鼓。置身其中，仿佛祭祀大典，钟鼓齐鸣，悠扬悦耳。

前幢采用重檐庑顶鹊坊造型，马头墙昂头凌云，喜鹊坊高耸云端，飞檐翘角，四小龙占四方角，宝葫芦瓶置于坊脊中央，左右布置两小龙，谓之双龙戏珠。自上而下为红、黄、绿、蓝四釉，流光溢彩，一派宫殿气象。四根粗大的红色石柱，平地挺立，呈八字形向外凸出，中间两根承载着十多米高的喜鹊坊，数百个木质如意斗拱自下而上，由内向外，逐层挑出，每拱饰以雕花圆盘，美不胜收。大门两旁各置一个雪白发光的镇祠之宝汉白玉抱鼓石，两面刻有四狮戏珠、麒麟、山鹿等图案，雕刻精美，形态生动。头顶有一藻井，绘有阴阳八卦和其他装饰图案，四边书有诗文。正厅上方悬挂一块巨型匾额“冯翼孝德之堂”，六个大字赫然夺目，字体刚劲清秀。

明朝重建时祠堂内建有相国坊，清朝大建时相国坊从祠堂内移出，今存相国坊为一单体建筑，砖砌三叠檐，四柱一门，庑顶，顶部覆盖旧式琉璃瓦，瓷宝葫芦和两条金鱼装饰坊脊，每层檐面绘有风景和人物彩画，大门上方分三格，中格赭色石刻有“相国坊”三个遒劲有力的大字。四根砖柱上有楹联两副：“爵拜靖江溯当年相国勋高门第与武山并峙，誉隆长史缅先代联辉望垂家声同槎江争流”“水秀山亦清瑞气汇环相国发祥绵百世，地灵人自杰奎光拱照联辉同庆裕千秋”。康氏极力张扬先祖无限荣光，似乎又很低调，拿来作比的非名山大川，却是螺溪盆地的远山近水。

每一次村庄考古于我而言都是新的体验和感受，乡野历史的细枝末节让我看到历史的端倪，甚至还可以窥视不一样的历史，这些意想不到的收获常常让我兴奋。

爵誉另一处景观不在村内，沿着牛吼河蜿蜒逆行，我要去的这个地方叫槎滩。槎滩属禾市镇管辖，但距离爵誉村不过十里地。

·爵誉周氏宗祠

·爵誉相国坊

公元937年，爵誉周氏始祖周矩创筑槎滩陂。关于他筑陂的动机，各种文献都有记载，灉水出槎山，肆意横流，形成一片巨大的滩涂，灉水分合无序，春害夏荒。周矩解职回乡，为造福于民，最想做的就是治理灉水。当年周矩治水，利用地形在滩上拦了两个滚水坝，用的材料是木桩和竹筱。《泰和县志》记载：以木桩、竹筱压为大陂，长百余丈，横遏江水，开洪旁注，名槎滩陂。又于滩下七里许，伐石筑减水陂，储蓄水道，使无泛滥，名碉石陂。陂成后，周氏开挖渠道三十六支，灌溉农田数万亩。镶嵌在周氏宗祠“久大堂”墙壁上的《槎滩碉石二陂山田记》亦有同样的记载：“槎滩、碉石二陂，自余周之先御史矩公创始也。公本金陵人，避唐末之乱，因子婿杨大中竦官吉州，卜居泰和之万岁乡。然里地高燥，力田之人岁罔有秋。公为创楚，于是据禾溪江之上流，以木桩、竹筱压为大陂。”《记》为周矩嗣孙周中复（宋仁宗赐名）所写。周中复，宋天圣二年进士，二十八岁入仕，从政四十多年。告老还乡后，他念先祖周矩创筑槎滩、碉石二陂之艰难，而守成之不易，将周矩、周羡所置山地、田、塘交由诸有业者经营，供修陂之需，以图永久。

几代人做着同样一件事，修的是公陂，掏的是自家的钱，这样的襟怀在今天看来都让人感动。周矩进士出身，做过南唐监察御史，平生志愿“不为己利，乐为民役”，告诫子孙：德为人之基，为官之本，人无德则百事无成，官无德则威信全无。为官须坚持美德嘉行，铢积寸累。每日三省吾身，具无私奉献之心。虑及子孙繁衍生息，周氏借江河之利，置贸易码头，便货物聚散，并设义渡便于乡间往来。乡间种植多以粮食为主，周氏又设粜谷场小集市，开设商号、茶楼，经营布匹百货南北杂货，以及粮食、禽畜、柴炭、木竹及农具，使爵誉成为四方小商贩的会聚地。

槎滩陂于明代维修时全部使用条石垒筑，上坝尚能看到坝底的条石，垒筑工艺十分讲究，条石之间都有齿缝连接，稳定性极好。清末维修时改用水泥浇筑，坝体已是十分坚固，下坝基本看不到过去的痕迹。槎山之下，灉水按照人们的意愿分流，数万亩农田得到有效灌溉。槎滩陂因此成为古代江西规模最大的水利工程，被誉为“江南都江堰”。2016年，第二届世界灌溉论坛暨第67届国际执行理事会上，槎滩陂水利灌溉工程被授牌列入世界灌溉工程遗产名录，是目前江西省内唯一一个世界灌溉工程遗产。

· 槎滩陂之一

· 槎滩陂之二

偌大盆地，灌溉系于一水，自然少不了纠纷。乡间保存的元代至正元年（1341）所立的《吐纳文约》，详细记载了当年罗存伏兄弟侵占槎滩陂田塘一事。为了更好地治理陂堰，避免日后出现纷争，士绅们共同协商，订立了新的治理制度以及用水公约。这份号称“五彩文约”的乡规民约，确定槎滩陂实行陂长负责制，由灌区内五大宗族轮流担任陂长，共同维修和管理，同时规定了受益者承担缴费与维修的义务。《重修槎陂志》记载了“五彩文约”订立的经过：元至正间，李英叔……其子如春，偕弟如山与周云从，以宋仆射周羡所赠陂田被人侵占，与蒋逸山、萧草庭控诸有司。得直立五彩文约，轮为陂长。《南冈李氏族谱》关于“五彩文约”的具体内容记载翔实：

自今立约之后，各人当遵。但有天年干旱，陂长人等以锣为号，聚集收水。人各备稻草一把，到于陂上塞拱，如石倾颓，务要齐心并力扛整，以为永远长久之计。日夜巡视，不可遗误。庶使水源流通，万民便益，其租利递年眼同公收，无自入己。如有欺心隐瞒，执约告官论罪。今恐无凭，故立五彩描金文约仁、义、礼、智、信五张，各执一纸，永远为照。

乡约其实是一种精神，“凡同约者，德业相劝，过失相规，礼俗相交，患难相恤”。在中国漫长的封建治理中，乡约是一种制度之外的自发而自觉的机制，这种机制维系着乡村秩序。后人在槎滩陂立碑，纪念周矩创筑槎滩陂之功德，碑上刻录楹联：“春耕秋获，闾阎免旱魃之灾；麦渐黍油，黎庶颂阳侯之德。”吃水不忘挖井人，人们不会忘记那些无私奉献的乡村精英。

习氏花门楼

沂江的流向大致勾勒了古新淦县城南部边界，成为先秦时期古县新淦与庐陵的分水岭。

这条出自新干（又叫新淦）东部的山水，蜿蜒曲折，百转千回，纵横百余公里而后汇入赣江。从地理上看，这条水让古新淦版图羽翼丰满。

历史像一把锋利的剪刀，不时在这块版图上剪裁。公元96年（东汉永元八年），新淦与庐陵各分出来一些地方，设立石阳县，县治就在沂江左岸的高阜之上。公元267年（吴宝鼎二年），石阳被吴裁撤建制。公元1526年（明嘉靖五年），新干又分出来一块设立峡江县。苍天有情，这条始出新干的河流最终绕道新干流入赣江。

在人类文明史上，河流像神灵一样引导人类繁衍创造。早期人类无不循着水流的方向安居造城。

俗话说，大河难得弯，小河难得直。这难得之处自然是安居之所，依着我的观察和经验，群居的城市一般建在弯处，而族居的村落能够抢占直处的则少之又少。

湖洲，今峡江县境内一个习氏族居的村落（明嘉靖前属新干）抢占了先机。作为湖洲的肇基人，习远的选择或许出于无奈，老家新喻白梅村的兄弟俩先后迁居，回老家定然是“儿童相见不相识，笑问客从何处来”。照常理，刁远是吉州知州，卸任后应该在自己治下找个地方安居，正如杨万里的祖先吉州刺史杨辂，卸任后定居吉水湴塘。刁远的想法别出心裁，冥冥中召唤他的是存续了172年的古石阳县治旧址，“古新淦城南二十八都毗连古石阳县，距吉州不甚远，县建于东汉永元间，迄隋开皇十年并石阳入淦，其基渐成荒墟”(《吉州志》)。在老知州看来，县治之所应是风水形胜之地。

公元1045年（宋庆历五年），刁远“命棹来游，至斯地，见山环水绕，风景果殊，询于土人，求售久矣，乃偿其值，构居址而家焉，名曰湖洲”(《湖洲刁氏族谱》)。山青水满，应是南方莺飞草长时节。刁远泊船靠岸，已是满目葱郁。北面的龙古山犹如两条蜿蜒起伏的青龙，南面的老虎山岿然雄踞，东面突出的五峰像五朵盛开的梅花，更为难得的是，西面还有狮子山扼守水口。从除岭、浒丘而下的两条清溪穿过盘地，自北向南汇入沂江的黄潭，被水环绕的洲地俨然上水神龟。“黄潭汇合水盈盈，不酌贪泉羡尔清。千顷碧波涵月影，一江春雨鼓涛声。”千年已逝，湖洲人遥想当年祖先卜居的景况，充满了对这一方水土的依恋和自满。

树有根，水有源。人们对于祖先筚路蓝缕的历史并不在意，可有谁知道那是凝聚村庄魂灵的过往。公元1038年（宋宝元元年），刁远作为社会贤达奉征辟赴任吉州知州。征辟制是古代举荐官员的一种制度，刁远被直接举荐到州官的位置，说明他并非常人。族谱记载，他从小跟随做官的父亲生活，游历广泛，饱读

· 习氏牌坊

诗书，人情练达。在他主政吉州的七年里，躬身下士，清正廉洁，政声颇佳。卜居湖洲，无疑是一种简朴归隐的表达，然而，他苦心寻觅繁衍之地，何尝不是对于家族传承的忧患与期待？

关于习氏起源，《湖洲习氏族谱》载：吾习以国为姓。这样的记述与各种文献记载一致。《左传》杜预注：习氏，是以地为氏的姓氏。《风俗通》载：习为古国名，汉代有习飨，曾为陈州相。《陕西通志》载：习国得名于武关城北少习山，是封与炎帝神农氏后裔的一个小诸侯国，君王称习侯。

公元1055年（宋至和二年），湖洲开基十年后，习远走到了生命的尽头。临终，他对长孙习仁德说："吾解组后，卜迁兹土，浚陂池之利，建桥梁之便，修造维新，以次递举，而景迫桑榆，乃于家谱未遑，不得不属望于后人矣。"（《湖洲习氏初修谱序》）习仁德从小跟随祖父，出入于衙门大院，深得祖父厚爱，同时也最懂祖父的心。"列祖之政事文章，清风亮节，将重光焉。"青春年少的习仁德血气方刚，他发出的誓言，安慰逝者，激励族人。湖洲繁衍的历史证明，继承祖父衣钵的习仁德把一个家族的信仰植入湖洲，让湖洲习氏传承千年，光耀千秋。

沂江水满，神龟翻动，公元1085年（宋元丰八年）的湖洲浓墨重彩，为这千年过往写就辉煌一页。时年五十四岁的习仁德举全族之力，鸠工庀材，大兴土木，兴建花门楼。习仁德的这一举动或许是为湖洲习氏烙印地标，在常人看来，似乎也仅是一种光耀门庭的行动，但是后来的情况出乎人们的意料。"花门楼宇，壬丙兼子午向，时有班仙降凡之奇。"（《湖洲习氏族谱》）从族谱记载的情况看，花门楼应是一座高大雄伟、堂皇至极的建筑，因处在沂江开阔的水岸，格外引人注目，赞誉之声不绝于耳。而湖洲人更是美美地以为地标，自诩花门楼人，但凡从湖洲迁出的习姓人，都以"花门楼"为祖地记之。明洪武年间远徙河南邓州的习思敬一脉，族谱上清晰记载祖地为江西临江府新淦县花门楼也。

一座建筑成为人们心中的图腾，无论走到哪儿，人们都以“花门楼”自诩，这种现象本身极为少见。这说明什么呢？除了这座建筑的独特之外，可能更多的是人们对这一脉血缘的认同。

对于这座系着湖洲人千年梦想的建筑，我自然不能放弃对它的考察。岁月无情，现在已经很难猜测宋时初建的花门楼是什么模样，但是我仍然饶有兴致地端详这饱含一个家族精神寄托的建筑。

其实花门楼是一个建筑组群，包括牌坊、前院、榜堂、继美堂几部分。从门楼进去，通过前院进入榜房，奇的是从榜房右侧甬道进去，还有一座名为“继美堂”的宏大建筑，给人一种别有洞天的惊奇。

事实上，这一组建筑风格简朴，装饰简洁，甚至很难与许多古村堂皇的建筑比肩。牌坊坐北朝南，略呈正方形的墙体青砖到顶，墙脊覆以青瓦，两角外伸略翘。檐下以莲瓣状砖雕承托，墙体与墙顶连接处饰以两阶叠涩，墙体背面无任何修饰。四柱以面砖和侧面砖砌筑，两侧形意门用打磨过的正方形青砖铺砌，门楣正中题额“文名世第”，两旁对称着“麒麟回首”砖雕，中间为鹿鹤图案，寓意“六合同春”。榜堂门廊为木构架单挑出檐，厅内后墙与两侧墙为木质板门式包装的宝壁。继美堂初建时名“承恩堂”，是一座祠堂建筑，天井将室内分为前厅与后厅，厅与厅之间由厢廊相连，形成“四水归堂”格局。檐柱粗大，红砂石柱础作覆钟形，周身阳刻作蜂窝状排列的六边形图案，内阳刻变形莲一朵，从形制上看应是明中期遗存。据湖洲习氏族谱记载，公元1313年（元皇庆二年），习春泰第一次重修花门楼，装点一

· 习氏花门楼

新，规模胜旧。公元1483年（明成化十九年），在花门楼建成近四百年之际，习贤重修花门楼。这一次重修工程浩大，花门楼牌坊更木为砖石结构，题额“文名世第”，并将承恩堂全部翻新，改名“继美堂”。此后虽不见有任何重修记录，但从遗存看，明成化之后仍有重修。

花门楼历经风雨侵蚀，湖洲人从没有放弃重整自己的精神门面。

家庭修复力、家族凝聚力是中华民族独有的，别的民族不可比，这种厚植灵魂的东西是什么呢？它又是依靠一种怎样的机理形成的呢？诸如此类问题，在我考察中国历史文化名村的过程中，不断涌上心头。湖洲有一套好的制度，春秋大祭、清明扫墓、祈福避凶等祭祀和信仰活动，以及祠堂与庙宇维修、赈灾等公共事业，有足够的经费保证，除了祠堂、寺庙的公产（祭田、会田、寺田、香会等）佃租，族人捐助也是一个重要的来源。公元1686年（康熙二十五年），习瑞明重修长乐桥，“独当而任之，不敢以累诸公”，慨然捐金千两，历时三个月，建成一座三孔石桥（《瑞明公长乐桥记》）。公元1851年（咸丰元年），习惠泉“始捐金壹佰，捐安田庄田一所”，解决舟船之资，此后往来沂江，族人称便（《惠泉公义渡记》）。公元1441年（明正统六年），习明出谷一千一百石救荒；公元1486年（明成化二十二年），习贤出谷二千五百石赈灾，受到朝廷颁敕嘉奖。诸如这样的记载在湖洲习氏谱上还有很多，好的风气自然给湖洲带来了好的气象，自开基至清代，湖洲入试科举有功名者达176人，其中进士3人、举人6人，仕宦中，翰林学士1人，诰授通奉大夫、中宪大夫、奉直大夫、奉政大夫8人，知州、知府5人，知县7人，县丞、主簿、教谕、教授等9人。千百年来，聚族而居的传统村落为城市发展源源不断地输送人才，同时也建立了打断骨头连着筋的中国式城乡关系。或许也可以说，氏族兴，则国家兴。

在湖洲，习贤是一个温文尔雅的儒士，也是一位乐善好施的绅士，同时还是一位清正廉明的官员。这位生于明宣宗时期、成长于明“土木之变”“夺门之变”的多事之秋、出仕于明弘治中兴时期的乡下人，竟然神灵一般与我不期而遇，我不知道为什么会如此强烈地撞击我的心灵。公元1486年（明成化二十二年）江南水灾，朝廷诏告，出谷一千五百石以上赈灾者，赐敕嘉奖。习贤出谷二千五百石，朝廷敕建“尚义坊”以旌表其义行。公元1488年（弘治元年），时年五十七岁的习贤奉征辟授四川绵州知州，七十仕满，恬退家居。其实习贤带给我的震撼不是他为官的这段经历，而是他笃定一生的信仰。家庭，家族，家国，习贤的价值选择涵盖了中国不同阶层人士的共同理想。

习贤老了，但他感到还有一件事没做完。四修族谱，这一修气象宏大，他总结了湖洲数百年过往，遥望千秋万代，形成了《申明家规二十则》，包括敬宗崇祀的“重祠田以妥祖灵”“崇祀典以厚风俗”，敬亲睦族的“敦孝弟以笃天伦”“循礼让以睦宗族”，修身齐家的“积心田以贻子孙”“修实行以立人品”，耕读传家的“勤学问以大显扬”“务耕织以丰衣食”，效忠报国的“急赋税以免催科”“抒忠荩以报朝廷”，还有告诫族人息争讼、禁赌博、戒淫祀等行为规范准则，其涵盖面之广，内容之全，堪称家训家规之最。

附文如下：

一、重祠田以妥祖灵

吾家宗祠、寝室、门堂，颇费经营，此为灵爽式凭、族姓联属之地。当岁加修葺，时勤洒扫，以壮观瞻。至祠之有田，祖考血食攸关，子孙所借以申孝享之诚者，事綦重矣。世守宜无隳乎先业，式扩尤有望于后人。

二、敦孝弟以笃天伦

父母之恩，昊天罔极，兄弟之情，实同手足。必情义备至，爱敬兼隆，方能施于有政，起化庭帏。每见人家子弟薄于一本，忍于同气，耰锄德色，妇姑谇语，兄弟阋墙，怨若仇敌，此悖逆之行，大伤风化，吾宗子弟各宜戒之。如有犯者，轻则家法责惩，重者鸣公究处。

三、循礼让以睦宗族

人有族序，在今日或有亲疏，论祖宗原同一脉。宜谦谨自持，而严尊卑之分；恂朴自守，而敦长幼之伦。若因雀角，互相戕害，微论恶俗成风，即祖宗不无怨恫，蹈者公议重罚。

四、崇祀典以厚风俗

曾子曰：慎终追远，民德归厚。人家禴祠烝尝，四时勿替，则笃于本源，即厚于风俗。豺獭犹知报本，而人可忘所自乎！

五、务耕织以丰衣食

国以农为本，民以食为天。男耕女织，衣食攸赖。耕三余一，自可兴家置产。若游闲失业，势必饥寒交迫，甚且流为匪类。为家长者尤宜督率。

六、勤学问以大显扬

士列四民之首，宜沉酣经史，肆力文艺，养成实学，方能扬名显亲。若轻浮浅露，无论遇合，不可幸邀，即得志，亦非大受之器。

七、积心田以贻子孙

于公积德，高大门闾。王祐植槐，后嗣显贵。纵非有心以求福，然善积余庆，理之常也。苟寸心积善，虽大小不一，而获报迟速有时。此传家裕后之至计也。

八、修实行以立人品

吾人持身涉世，事事有吃紧处，一毫虚假不得。若夸张无实，内外不符，久之身败名毁，毕生茫无可据。故凡立德、立言、立功，必要笃诚谨守，躬行践履，步步踏着实地，则品行端而心术正矣。

九、黜侈靡以崇节俭

天地生财止有此数。天下之物，当为天下惜之。谚云：常将有日思无日，莫待无时思有时。则贫者不至终于贫，富者可长保其富。若有侈靡饕餮，不知撙节，迨至流离琐尾，则悔无及矣。

十、明内外以正阃范

古者内言不出于阃，外言不入于阃。故男女不亲授，嫂叔不通问，所以别嫌明微也。彼男女谈谑，尊卑混杂，甚至败俗伤化，玷辱祖宗，皆由内外不严有以致之。为家长者，必使闺门之内有序有别，庶无失乎家节。违者，罚在家长。

十一、谨物恒以示表率

修身者，齐家之本。惟纳身于轨物，言坊行表，而后一家之中，观感效法，仁让成风。倘其身不正，虽令不从矣。

十二、择婚嫁以重匹偶

古人虽云，娶妇当不如己，然未尝不重门第也。若贪资财妆奁而联婚，甲首仆佃玷污家声，辱及先祖，未嫁娶者，勒令退亲；已嫁娶者，公削其谱。其房族长不先举出者，亦并重罚。

十三、平曲直以息争讼

九族亲逊，上古醇风，人能平恕居心，则讼端自息。纵有不平，族长秉公劝释。足不履长吏之庭，自身享和平之福。如或刁健好讼，鱼肉乡邻，公议削谱。

十四、急赋税以免催科

输将国课，分所宜然。负逋追呼，鞭笞不免。谚云：若要宽，先了官。必遵限完纳，上以全忠顺之心，下无伤发肤之受，此移孝作忠之道也。

十五、禁赌博以绝匪类

从来赌博者窃盗之原。每见富家子弟，被一班无赖诱入场中，遂至倾家荡产，流入匪类。堕家声而累有司者，莫此辈为甚也。愿吾宗子弟，秀者归士，朴者归农，即逐末生理，亦无不可。有犯者，该房房长带入宗祠，家法重惩。如敢抵牾，不遵约束，则鸣公究治。

十六、抒忠荩以报朝廷

士人求志达道，原非两事，倘受爵天朝，必须忠心报国、致主泽民，以实心行实政，使苍生受其福，国家蒙其休，乃征明体达用之学。

十七、戒淫祀以屏僧道

人生祸福，本之自天，兆之自人，拜佛求神，于人何补？若朝谒庙观，僧道往来，甚为不祥。纵令父母亡过，止宜四时祭奠，超荐之说，尤为妄诞。明理者，当切戒子孙，勿受其惑。

十八、慎溺女以葆天和

虎狼虽恶，不食其子。带血女娃，何忍戕之？倘曰家贫，则生女亦当鞠养；纵忧难嫁，则练裳亦可于归。爰教族人，皆存不忍之心。

十九、严牝鸡以扶夫纲

女子顺从为正。纵令有才，亦惟司中馈，成内助而已。倘咆哮撒泼，不敬翁姑，不顺丈夫，参商妯娌，凌蔑尊长，微特阴盛阳衰，立见家门消索。若此者，夫治以故纵之罪，妇律以七出之条。

二十、珍族谱以杜混冒

先人之修为谱也，箧以藏之，世以守之，凛凛乎其不敢弁髦视也。倘或刍狗典物，任其朽蠹而不知恤，听其转借而不知察，何以考一脉之传哉？凡领谱者，当念续修之艰，珍若拱璧。苟其伤损遗失，照依化房罚足钱九千文。

家规终。

湖洲另一组保留完好的建筑，包括依次排开的习氏大宗祠、天符庙、长乐庵以及对面的古戏台，形成全台式建筑组群。在青原陂下古村，我见过戏台对寺庙的半台式建筑组群。如湖洲这种全台式建筑组群十分少见。它反映了湖洲人祭祖祭神、敬天敬地、娱人娱神的虔诚，具有浓郁的宗族宗教文化色彩。族谱记载，明清时有房祠、家祠20多座，书塾10余所，寺庙10余处。如今这些建筑大多不复存在。村支书告诉我，如果不是他父亲，习氏大宗祠也将拆毁建学校。习氏大宗祠始建于明末，保留了明代宗祠的特有风格，大天井，大磉础，大屋柱，弥漫着天然去雕饰的神韵。

· 习氏宗祠

湖洲古民居作“川”字排列，整齐有序，巷道很窄，卵石铺地。民居建筑年代主要为清代，一律青砖黛瓦，外墙为四角起翘的“四角板爪”，墙体内均为木架穿斗结构，具有墙倒屋不倒的功效。屋内结构大致相同，由正厅、两侧正房、耳房及后厅组成。正厅前照壁上的敞口与下方“四水归堂”式的天井连为一体，厅堂覆以明瓦的明楼采光，厢房与耳房有“牛眼窗”通气，形成明厅暗房，正厅与后厅以宝壁隔开，槅扇、窗棂偶或见些许雕饰，朴实素雅。

· 习家村古民居

在湖洲，我没有看到富丽堂皇的建筑、雕梁画栋的风雅、规制繁复的讲究。湖洲的朴拙，似乎在我意料之中。实际上，每一次行走赣中，我心头总有一问，新淦作为秦帝国版图上的偌大古县，囊括了今新干、樟树、峡江等辽阔地区，在这个土地肥沃、四时分明、雨量充足、生存条件优越、人口历来密集的地方，为什么没有留下足够多的古老遗存？这与我在僻静山区看到的那些建筑堂皇、体量庞大的古村形成鲜明的反差。或许是人口过旺生产加剧了资源分配的矛盾，影响了建筑形式的存在？抑或是土地丰饶拴住了人们的手脚，而只有耕作没有商业形成的习俗影响了人们对于居住的要求以及审美的追求？

后记
行走江西

一

我知道我要写一本怎样的书。

2013年到2015年间，我完成了《赣江十八滩》《赣江边的中国》《天下良知》三本书的写作，较为系统地表达了庐陵文化。可我似乎还有话要说。许多古村的文化个案，我没有很好地总结。它是什么呢？比如钓源祠堂里的圈，那是站位、长幼、秩序。比如三僚村的砂手，为了一堆土两个姓氏争斗了上百年，为了什么呢？

信仰。中国人的信仰。对祖宗的信仰几乎遍及所有传统村庄，除了这，还有哪些呢？我决定去写这样一本书。遍访江西“中国历史文化名村”，以及有标本价值的江西“中国传统村落”，以村庄为载体，寻找有价值的文化元素，力求表达中国人共同的信仰。

书名叫作《小民家国》。

对地方文化的文学表达不是一件容易的事。我不能杜撰，我只能在阅读村庄的过程中跨越历史和时空，看见古人，听到他们的声音，让消逝在历史烟尘中的人和事活起来。

我一直努力尝试着表达地方文化。我想，地方文化只有在中华文化的大背景下，才会有宏阔的气象。在这样的表达中，给地方文化寻找一个适当的高度，地方文化才会鲜活起来，尘封在人们心头的记忆才会徐徐打开，遗弃在草丛的物件以及雕刻在木头砖头石头上的意象，才会裹挟着故事朝我微笑。

历史包含文化，文化揭示历史，无论多久远都会绽放姿态。我喜欢这种姿态。

在村庄林林总总的历史文化和风情民俗中寻找主题的确定性，我需要以学者的眼光去拣拾和分析素材，我必须对文本结构的系统性和学理性做出安排，这是非常难干的活儿。很欣慰的是，我艰难地做下来了。

二

2016年元旦刚过，我便开始了遍访江西“中国历史文化名村”之行。我行走的路线始于赣中，而后赣东北，在穿越时空的行走和思考中，我感受到了江西主干文化。我把太多的时间、精力、情感挥洒在这条路线上。而后赣西、赣西北，最后是赣南，行程二万里。

陆续评选出来的“中国历史文化名村”名录恰好印证了我的判断。从某种意义上讲，江西文化有些杂，赣东北有徽文化，赣南有客家文化。然而，行走江西，我仍然能够梳理自赣东至赣中形成的主干文化，千百年来，它辐射江西，深刻影响江西。

附：江西省“中国历史文化名镇名村”名录

中国历史文化名镇13个

鹰潭市上清镇，浮梁县瑶里镇，贵溪市塘湾镇，横峰县葛源镇，铅山县河口镇，铅山县石塘镇，修水县山口镇，广昌县驿前镇，金溪县浒湾镇，樟树市临江镇，吉安市青原区富田镇，吉安县永和镇，萍乡市安源区安源镇。

中国历史文化名村37个

浮梁县江村乡严台村，浮梁县蛟潭镇礼芳村，浮梁县勒功乡沧溪村，浮梁县峙滩镇英溪村，贵溪市耳口乡曾家村，吉水县金滩镇燕坊村，吉水县金滩镇桑园村，吉安市富田镇陂下村，吉安市吉州区兴桥镇钓源村，吉安市青原区文陂乡渼陂村，安福县金田乡柘溪村，安福县洲湖镇塘边村，泰和县螺溪镇爵誉村，峡江县水边镇湖洲村，安义县石鼻镇罗田村，宜丰县天宝乡天宝村，高安市新街镇贾家村，金溪县陈坊积乡岐山村，金溪县合市镇全坊村，金溪县合市镇游垫村，金溪县琅琚镇疏口村，金溪县琉璃乡东源曾家村，金溪县双塘镇竹桥村，乐安县牛田镇流坑村，乐安县湖坪乡湖坪村，赣县白鹭乡白鹭村，寻乌县澄江镇周田村，龙南县关西镇关西村，龙南县里仁镇新园村，宁都县田埠乡东龙村，婺源县江湾镇汪口村，婺源县江湾镇篁岭村，婺源县思口镇思溪村，婺源县思口镇西冲村，婺源县思口镇延村，婺源县沱川乡理坑村，婺源县浙源乡虹关村。

可爱的赣南并非江西独立的文化空间，它有客家独有的文化元素，可是我仍然发现赣南广袤的土地上饱含江西共有的文化元素。这说明什么呢？江西就是江西，它存在文化的多样性，但是江西的主流文化遍及江西全境。

原本我可以专心致志写好这本书，意外的是，2016年8月县级班子换届，我从县人大副主任转岗到县政府副县长，分管城市建设工作。我需要面对没完没了的征地、征房、关矿、迁坟，以及没有休止的来访，再无时间和精力写作，之前的采访和写作被迫中断。2018年，吉安市作协的朋友们为我举办了一个作品研讨会，朋友们热情洋溢的鼓舞，让我再次冲动，并允诺2019年克服一切困难出版这本书。

可是我怕又要失信于朋友们了。

2019年9月，这本书意外获得江西省文化艺术基金赞助。拿了公家的钱，事就必须做完。我白天全身心工作，晚上全身心写作，常常夜不能寐。

现在这本书终于完成了。

三

掩卷沉思，多少姓氏的繁衍史浮现眼前，多少美好的意象梦中萦绕，我多么期望温馨荡漾在族落，秩序和美映照在乡村。我最想说，氏族兴则中国兴。

虽然我表达了许多情感、认知和梦想，但是我仍然有太多遗憾。我没有足够的时间走遍江西的“中国历史文化名村”，更多的江西“中国传统村落”被我忽略。太多闪光的文化元素没有被我发现，太多的价值选择仍然沉寂在建筑的部件上。数千年的文化积淀，表现在古村不过千年的建筑和风貌遗存上，又岂是我区区十多万字可以总结？很多时候，我深感自己认识的局限以及表达的苍白，我的粗糙忽略了太多美丽的过往，甚至掩盖了许多历史真相。

我没有触及中国最美乡村婺源，一方面是我认识上的问题，总以为婺源是徽文化区；而更重要的另一方面，婺源有我敬佩的兄弟洪忠佩，他几乎写遍了婺源名村，我没有勇气再去触及他写过的村庄。

四

祭祀是村庄最重要的仪式，其实村庄的仪式又岂止祭祀。我特别想表达“哭嫁”这种习俗以及其中特有的仪式，因没有找到现场（没有村庄作为载体）而写不进篇章。可我总是放不下，我依然想把故乡给予我的感受写在后记中。

赣中平原上的村庄没有遮掩，远远地看到迎亲的队伍朝村庄走来，依稀可闻吹打的乐声。望轿的孩子回家来报，房间里母女的哭声越发热烈。

姑姑出嫁时，我已是满世界乱跑的少年，其时的景况我依稀记得。20世纪70年代中期，赣中农村住房拥挤，爷爷两兄弟住在一栋四扇四间的房子里。房子是爷爷建的，给了小爷一间房，后来小爷家人口多了，后堂也安置了一个铺。姑姑没有闺房，房间里昏暗，有一股很浓的尿臊味，一群妇人进进出出，张罗着婚嫁的物件。开始这母女的哭似乎没人在意，小婆的哭词大概是嘱咐的话，而姑姑只是一个劲儿地哭，并无词。这伙接亲吹打的队伍已经到了门口，婆婆和母亲去劝，似乎并没作用，哭声仍没停止，直到我父亲把姑姑背上轿，屋子里才算消停。

男婚女嫁，这本是人类生活中的大喜事。从恋爱到结婚成夫妻，给男女双方都带来了无限的幸福与愉快。对男女两家来说，自然也是件极大的喜事。哭只是一种形式，这个环节少了，对于女方当事人都是一件不好交代的事情。

哭嫁在江西很普遍，哭嫁在江西呈现的是一幅幅精神原乡的风物图景。哭场一旦形成就像一个磁场，吸引很多人前来观看。哭的内容朴实真挚，充满儒家的礼数。经历过一场场亲情洗礼的农村孩子最懂得人间温情，从家乡带出来的记忆可以影响他的一生。

五

故乡的味道培养了我的味蕾，就像婴儿熟悉了母亲的气味。几十年来，我南来北往去过不少地方，品尝过不同地方的很多口味，但是故乡的味道我始终难忘。甚至在耕作方式和养殖方式发生变化之后，我仍然极力寻找着小时候对于食物的美好记忆。

原味事实上是乡愁的摇篮。

奶奶有个姐姐嫁到永泰，离我家大洋洲不过七八里地。听奶奶说她命苦，丈夫很早就没了，也没有留下儿女，一个人靠染布为生。

永泰与大洋洲接壤，是一处比大洋洲热闹百倍的圩镇。此处手工业极其发达，铁匠铺子开得满街都是，弹棉花的、开染坊的都不少，好像还有打锡的、磨剪刀的、酿烧酒的、加工米粉的。四邻八乡到这儿赶圩的人很多，丁字形的圩街，在逢圩的时候被挤得满满当当。

奶奶的姐姐在丁字街上有家小染坊，因为奶奶织布，所以常常要去。小的时候，我跟随奶奶去过一次她家，见了面，奶奶要我叫她老姨娘，我叫了一声，她却并不热情，继续做她的活儿。我坐在染坊门口，看南来北往的人，等着吃早饭。

早饭端上桌，两只不大的瓷碗，一只盛着猪肝汤，另一只装着烧茄子。我眼瞅着，心想，怎么会没有猪肉呢？可能是因为这顿饭等得太久，又没有看到自己期望之物，高兴劲儿便早已去了大半。奶奶追着我吃饭，我便不情愿地夹菜。

这顿饭吃过之后，我跟着奶奶就走了，从此再没有见过老姨娘。几十年过去了，老姨娘长什么样，我全然不记得，可她烧的茄子的味道我却经常记起。老姨娘炒的茄子清清淡淡，软滑爽口，不很辣，却有蔬菜的质香，嚼在嘴里还有姜味的冰爽和绵长，很能送饭。我常想，老姨娘的茄子是怎么做出来的呢？老姨娘用的食材无非茄子和辣子，而作料好像也就是生姜，并没有什么特别之处，但味道为何如此特别呢？

大洋洲田多地多，土壤、水源、气候条件样样都好，是一处生气很旺的地方。大洋洲人勤快，一年四季只知道忙，不喝茶，自然也省去了烧开水的麻烦。如果不是碰上水涝，劳动一年吃用不愁。

大洋洲物产丰饶，盛产稻米、花生、大豆，尤其是大豆，不仅可以种在田里，还可以种在地里，甚至稻田的田埂上也可以种。大豆是高质量植物蛋白，在物质贫乏的年代，做豆腐便是村庄人们改善生活最好的办法。豆腐家家户户都会做，豆腐做好了，一两天吃不完，切成巴掌大一块，用水浸在盆里，一星期也不会变质。

大洋洲人不善做美食，但有些土菜的味道还是相当不错。记忆中，妈妈总是忙，不停地做事，就是没有太多时间为孩子们做饭，更不可能讲究烹饪技巧，但是她烧的豆腐总让我难忘。妈妈烧豆腐程序简单、方法粗糙，巴掌大的豆腐横竖两刀切成四块，油烧开了就可下锅。贴锅的一面起了黄黄的皮，就可以翻锅，两面都煎好了，就放水煮，咸淡辣自己把握。起锅装碗后，豆腐的外观黄艳，吃起来内里松软，蛋白的味道很足。

与山水做伴的孩子，即便物质再贫乏，也会生造出许多浪漫的记忆。家乡水多，与水结缘，别无选择。

去向水边，可以戏水，更可以捕捉自己心中的目标。那时候，赣江是国家的，池塘是生产队的，我们可以扑向任何一个想去的地方，就像是扑向集体的怀抱。有时候，我真为现在农村的孩子抱屈，十几岁的人怎么可能怕水呢？水什么时候不是我们的家园了呢？

在水里捕鱼的方法很多，如果带了捕具，那么孩子们可以在玩耍的热闹中捕到鱼。如果没有捕具，在热天，我可以独自游戏在水中，一边抖落夏日的酷热，一边漫无边际地寻找鱼的线索。没有人教我，我在水中自己学会了摸鱼的哲学。多年以前我在一篇文章中说，一手堵，一手顺，不仅让我水中得鱼，而且类似这样的生存体验也丰富了我做群众工作的经验。

经验可以助人成功。那时候，我梦想着建立属于我的水中王国，我真的就成功了。我的身后，有许多如我一般大的孩子，他们跟着我征战水中，每每都有建树。各色鱼等我都不弃，大有大的作为，小有小的用处，大的用辣椒炒，小的收拾干净放在太阳底下晒，晒干后慢慢地用辣椒炒着吃。

我还没资格去生产队挣工分以前，能够为家里做的就是这些。我是家中的老大，对上有为父母分忧之责，对下有照顾弟妹之责，当父母收工回来，我把自己做的辣子炒鱼端上桌，一家人吃着不知有多香。

大洋洲俚语云：鱼仔打个屁，辣椒全是味。

农历六月初六虽然说不上什么节气，但此时阳气上升，谷粒饱满，应该是填充肚腹的好时候。大洋洲一带在这个不是节气的节气里作兴吃子鸡，是那种还没有打鸣、重量没有超过两斤的小公鸡。大约是说男孩子到了发育的年龄，吃没有打鸣的小公鸡可以发育得更好。

子鸡氽汤的做法很简单，主要的三步是走油、去腥、水氽。因为煮的时间短，所以叫氽。这种氽法，不仅汤好喝，而且鸡的味道浓。汤甜，肉香，嚼劲很足，余味悠长，一点儿都不腻味。正常情况下，一个十四五岁的男孩子一餐就可以干掉一只小公鸡。

关于这一点我很有体验。我在十几岁的时候，只长个儿不长膘，母亲担心我发育不好，所以每年六月六都能予我子鸡汆汤优待，其功效长不长膘不好说，我只喜欢其味。后来，我因为厌恶了老鸡的味道，发明了清水煮鸡，用酒精炉作为烧具，盛鸡的器皿则不讲究，不用油，也不用任何作料，只放盐。水沸后下鸡，通常情况下，二十分钟左右可以食用，味道与我发育时吃的子鸡汆汤无大异。

一方水土养一方人，关于口味习惯的养成，俗话说“三岁定胃口”。研究表明，地理环境、饮食习惯、遗传基因等是影响口味偏好的主要原因。上海人喜甜，四川人喜辣，客家人喜咸……客家酿豆腐是客家的第一名菜，赣南很多地方把酿豆腐作为筵席风味菜。上犹玉兰片自古以来就是一种雅俗共“赏”的山珍，所谓玉兰片就是用冬笋尖制成，形如象牙，通明如玉，质地脆嫩，味道鲜美而清香。相传北宋大文豪苏轼吃过之后曾风趣地说：“要不俗，须吃竹。”南宋大诗人陆游称赞玉兰片“味抵驼峰牛尾狸”。从家乡走出来的人邂逅故乡的味道，精神为之振奋，因为这道菜是你的魂，不管走到哪儿，总是不离不弃，长久相依。

我常记取老姨娘烧的茄子，茄子的味道令我梦寐以求，虽然我知道那个寡居的老女人有些烹饪的技术，但食材的有机仍然是主要的。我怀念妈妈烧的豆腐，我知道忙得一天不落屋的年轻母亲毫无烹饪技术，她烧的豆腐全凭着食材的真品质。我同样难忘自己烧的辣子炒鱼，我似乎闻到那鱼的香味伴随辣椒的刺激穿过村巷，如果把这功劳归于一个少年谁能信呢？

我现在也常烹鱼，但离开作料便索然无味。鱼无品焉能怪烹者？鸡的品质更是令人不齿，我在乡镇时待客常用鸡，见客则忽悠：此乃真土鸡也。但每次都是吃少剩多。后来干脆自养，小鸡在院中小步啄食，随虫跃奔跑，慢慢长大，到两斤左右杀之待客，清水煮之，食者皆悦。

我很幸运在有机时代的边缘度过童年和少年，尚能凭借一些食物口味的线索去追寻祖先餐桌的记忆。祖先餐桌的记忆是有机的、安全的，而这些烙印口味和口福的记忆更是让人羡慕。谁说餐桌上的文化不是农业文化的延续呢？没有农业文明的情操浸润其中，哪里会有餐饮文化的淬火闪烁？我固执地以为，如果农业产品的价值能够受到人们足够的尊重，那么农业的高尚情操就一定会浇灌在作物的茎和叶上。这种亲密的双向交流就一定会结下甜美的果实。

舌尖上的大洋洲温暖了我，让我记忆一生。

六

行走江西，我看到古村都在江河溪岸。在交通不发达的古代，占据江河溪岸无疑抢占了发展的先机。这些村庄通过贸易获取财富，然后把村庄营造成美轮美奂的居所。

位于赣江上游的储潭湖洲一带占据舟楫之利，人口聚集，经济繁荣，文化发达。千里赣江从储潭步入水流湍急的十八滩，十八滩凶险，历来被船家视为畏途。《中国古今地名大辞典》记载：公元327年，晋朝刺史朱玮置储君庙，供奉十八滩神。人们经过十八滩，必在储潭码头上岸，到储君庙烧香拜佛，祈求储君保佑平安。不远处的夏浒古村，据说是戚继光的祖籍地，建村悠久，遗存丰厚，十八花厅是民间罕见的建筑珍品。据《资治通鉴》记载，唐开元年间夏浒各姓十八学子同中进士，他们相约回村各建一栋房子，一律两进一天井砖木结构，气势宏大，雕梁画栋，飞檐斗拱，十分精美，人称“十八花厅”，保留至1990年仍有七栋。若不是万安水电站移民搬迁，夏浒肯定能跻身中国历史文化名村。我想，荣归故里也是中国人的心结，这种心理需求与青史留名一样，铸就了中国人朴素而高尚的精神品质。

位于赣江中下游的吉水桑园村，被古建筑学家齐称为“东南半壁独一无二的古村落”。古民居分三片而建，一片一院，每片均30栋。每栋均由双套大门（大门、临门）、左右厢房、正房、偏房、后厅房、大厅、宝壁及落厫构成，屋里屋外四通八达，排水系统精巧实用。门楣上的人物故事浮雕、门窗宝壁、阁楼的悬雕、祠堂中廊柱的石雕石刻，洒落得淋漓尽致。富有地域特色的建筑构件有天眼、元宝斗、海涵坛、马头墙、砖雕、红石小窗、天井、镏金天花、木雕、壁画、排水系统等，尤其是天眼、元宝斗、海涵坛，乃吉水传统建筑独有的建筑构件。海涵坛是安装在楼桁上的一个部件，雕饰精美，坛内放置大米、茶叶，供奉神灵，保佑居家平安。人们惊奇地发现，这种表现神灵信仰的部件不仅安放在神龛，古村建筑中也几乎无处不在。

贴近遥湖的安义罗田古村三姓聚居，至今保存完好的明清古宅有100多栋，古牌楼、古门楼、古戏台、古街、古巷、古店铺、古井、古树，星罗棋布，民间有“小小安义县，大大罗田黄”的说法，足见罗田黄家名声之大。作为古代香客赴万寿宫朝拜许真君的必经之地，罗田店铺比肩，商贾云集。在这个赣商文化浓郁的古村群，我注意到里弄的一副木刻门联：“神农削木造耒耜恩泽万代，后稷教民植稻菽惠洎九州。”感恩是中国人不朽的主题，也是我们共同信仰的基石。

七

古民居建筑的另一个构件常常被忽视。

窗。很小的窗，富有隐秘性，但是窗饰窗雕都富有特色。饰窗的动物包括龙、凤、麒麟、象、羊、蝙蝠，饰窗的植物包括缠枝莲花、萱草、梅花、菊花、葫芦、柿蒂，饰窗的字包括“福”“禄”“寿”“喜”。窗的形状包括瓶形、如意形、圆形、葵形、扇形、六边形、长方形。窗的名字包括并蒂同心、一品清廉、四季如春、居家长寿、喜梅报春、寿比南山、福寿双全、万福不断、万事吉祥、五福临门、平平安安、四合如意、天长地久、圆圆满满、百结盘长。形形色色开在古村历史中的窗，富含人们对美好生活的向往。

窗的意象极其丰美。王维：“来日绮窗前，寒梅著花未？”李商隐：“何当共剪西窗烛，却话巴山夜雨时。”苏轼：“小轩窗，正梳妆。相顾无言，惟有泪千行。”李清照：“守着窗儿，独自怎生得黑？”诗人表达的这一扇扇意象丰美的窗，不就是我看到的这些个小小的窗吗？

窗的意象在我心里拂之不去。我希望有这样一扇窗。其实，在中国人心里人人都敞开着这一扇窗。